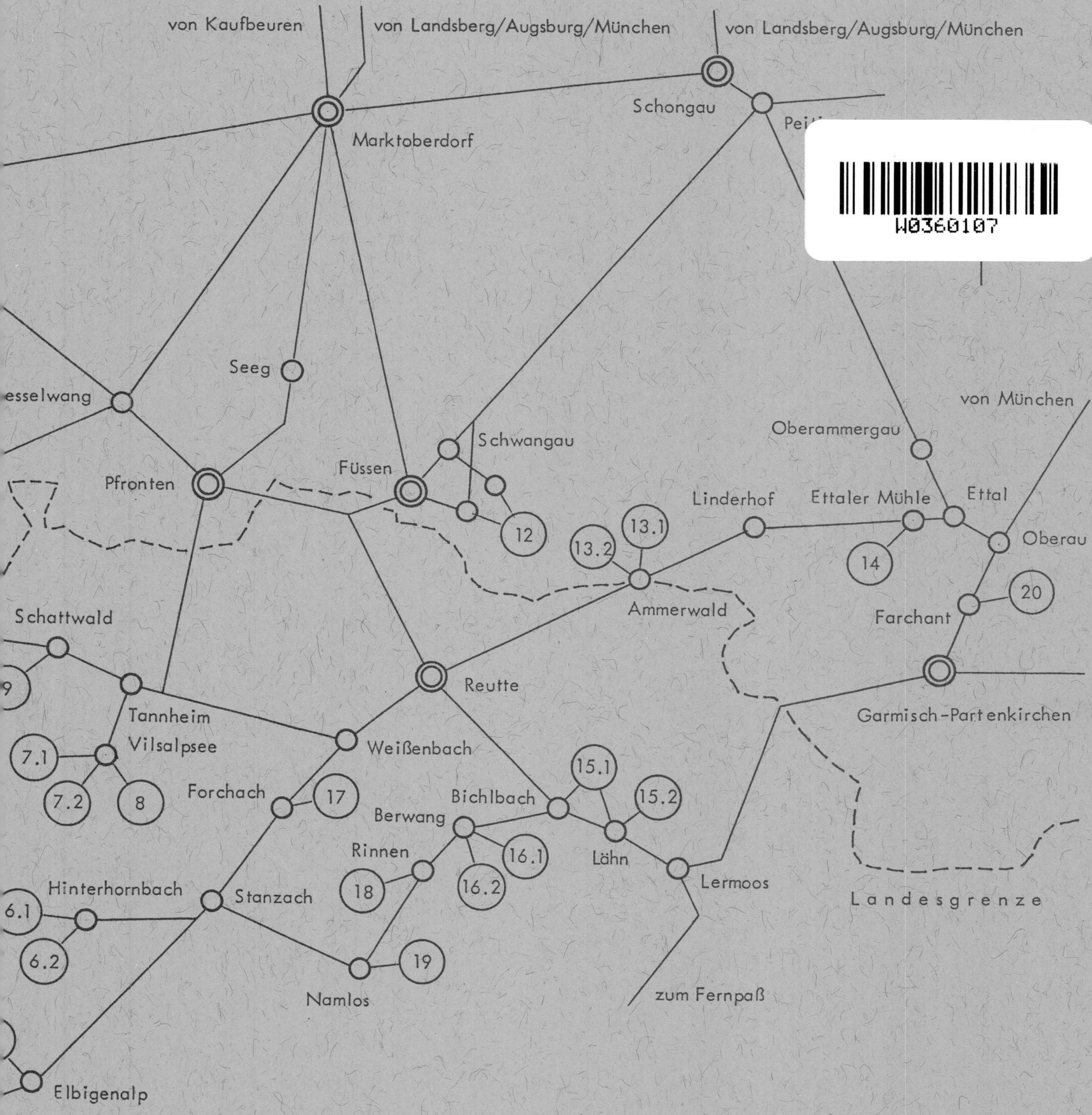
von Kaufbeuren
von Landsberg/Augsburg/München
von Landsberg/Augsburg/München
Marktoberdorf
Schongau
Seeg
Pfronten
Füssen
Schwangau
12
Oberammergau
von München
Linderhof
Ettaler Mühle
Ettal
Oberau
13.1
13.2
14
Ammerwald
20
Farchant
Schattwald
Tannheim
Vilsalpsee
7.1
7.2
8
Reutte
Garmisch-Partenkirchen
Weißenbach
Forchach
17
Bichlbach
15.1
15.2
Berwang
Lähn
Rinnen
16.1
16.2
18
Lermoos
Landesgrenze
Hinterhornbach
Stanzach
6.2
19
Namlos
zum Fernpaß
Elbigenalp

Bergtouren mit Pfiff

Günther Laudahn

Bergtouren mit Pfiff

30 nicht alltägliche Tagesrundtouren mit 125 Gipfeln

Allgäuer Alpen
Ammergauer Alpen
Lechtaler Alpen
Estergebirge

FRANZ BRACK VERLAG ALTUSRIED

Der Autor, Jahrgang 1921, begann erst verhältnismäßig spät, 1967, mit dem Bergsteigen, betrieb es dann aber so intensiv, daß er heute einer der besten Kenner der in diesem Buch erfaßten Gebirgsgruppen ist. Getreu seinem Vorbild Hermann von Barth, dem großen Erschließer der Allgäuer Alpen 1869, geht er vorwiegend allein, hat viele dessen Erstbegehungsrouten auch in anderen Gebirgen nachvollzogen und sich im Lauf der Jahre zu einem erfahrenen, ausdauernden und mit jedem Gelände vertrauten Geher entwickelt. Sein als Hobby-Fotograf und -Filmer geschultes Auge und eine genaue Beobachtungsgabe befähigen ihn zu detailgetreuen und lebendigen Tourenbeschreibungen.

ISBN 3-928934-00-7

3. aktualisierte Auflage, 9.–11. Tausend
Sämtliche Fotos und grafischen Darstellungen vom Autor
Gesamtherstellung: Allgäuer Zeitungsverlag GmbH, Kempten

Umschlagbilder, beide von Tour 19
vorne: Auf dem Schlirekopf
hinten: Übergang vom Engelspitzkreuz zur Engelspitze

Die Tourenbeschreibungen dieses Buches erfolgten nach bestem Wissen und Gewissen des Autors. Die Begehung der Touren geschieht auf eigene Gefahr. Eine Haftung kann nicht übernommen werden.

Vorwort

Die in diesem Buch zusammengestellten Touren wenden sich an den anspruchsvollen Bergfreund, der das Naturerlebnis der Berge sucht, der bereit ist, auch einmal eine Strecke auf wenig begangenen Pfaden oder weglos zurückzulegen, und der in einer Bergfahrt nicht zuletzt ein Mittel sieht, körperlich fit zu bleiben oder zu werden. Die Auswahl dieser Touren, die ich alle mehrfach mit sämtlichen Varianten selbst begangen habe, geschah nach folgenden Gesichtspunkten:

- Leichte Erreichbarkeit der Ausgangsorte, insbesondere aus dem schwäbischen Raum. Aber auch aus München sind die meisten Anfahrten kaum länger.
- Es sind Eintages-Rundtouren, die mehrere Gipfel – maximal acht – überschreiten und stets zum Ausgangspunkt zurückführen.
- Es sind keine Allerweltstouren. Sie verzichten auf die Besteigung von Modebergen, die oft eine lange Anfahrt, eine Völkerwanderung beim Aufstieg und Gedränge auf dem Gipfel mit sich bringen. Über diese gibt es genügend andere Literatur.
  Gewiß, ganz einsame Touren wird man heute in der Bergsaison, also vor allem im Juli und August, in den leicht erreichbaren Berggruppen kaum noch finden. Aber selbst in dieser Zeit lassen sich Bergtouren durchführen, bei denen man unter wenigen Gleichgesinnten ist. Schon Ende September und im Oktober wird es ruhiger in den Bergen, und eine Tour im November, vor dem ersten größeren Schneefall, kann ein unvergleichlicher Genuß sein, wenn die Bergmatten in allen Braun- und Gelbtönen schimmern, wenn Nebel die Täler zudeckt und die klare Bergluft einmalige Fernsicht möglich macht. Schön ist auch das Frühjahr, wobei allerdings häufig die Schneeverhältnisse bei der Tour berücksichtigt werden müssen.
- Die Touren sind technisch nicht schwierig, erfordern aber verschiedentlich Trittsicherheit und Schwindelfreiheit, mitunter auch etwas Orientierungssinn. Einige Varianten – die man auslassen kann – verlangen etwas Kletterfertigkeit (mäßig schwierig, II). Bei den Touren ist auf die Anforderungen hingewiesen.
- Die vollständige Begehung der Route setzt in einzelnen Fällen gute Kondition voraus. Es sind dann aber Varianten angegeben, die auch dem weniger Ausdauernden ein schönes Bergerlebnis bieten.

Sachgerechte Bergausrüstung – Stiefel mit Profilsohle, Regen- und Kälteschutz – ist für jeden vernünftigen Bergsteiger selbstverständlich. Grödeln, die im Rucksack kaum Platz beanspruchen und wenig

wiegen, sind sehr bewährt, besonders bei Frühjahrs- und Frühsommertouren, wenn mitunter harte Schneerinnen zu überqueren sind, aber auch im Steilgras und im Geröll.
Es liegt auf der Hand, daß die Zahl der nach solchen Kriterien ausgewählten Tourenmöglichkeiten begrenzt ist. Ich habe mich bei meinen ausgedehnten Streifzügen durch unsere herrliche Bergwelt bemüht, die schönsten und lohnendsten Bergtouren dieser Art zu finden und für Sie aufzubereiten. Außer einer ausführlichen bebilderten Beschreibung jeder Tour, einer maßstabgerechten Karte und einem Tourenprofil sind alle wichtigen Daten wie Parkmöglichkeiten am Ausgangsort, geeignete Zeit, Charakter, Steighöhen und Gehzeiten, angegeben. Sie gestatten eine genaue Planung und Beurteilung jeder Tour. Die Angabe „geeignete Zeit" entspricht meiner Erfahrung. Ich habe alle Touren in den genannten Grenzmonaten schon begangen. Natürlich können in manchen Jahren außergewöhnliche Verhältnisse vorliegen, die eine bestimmte Tour im Mai oder November ausschließen. Andererseits gibt es Winter, bei denen der erste größere Schneefall sehr spät eintritt. So habe ich die Tour 1 Mitte Januar 1988 ohne Schwierigkeiten durchführen können. Also nageln Sie mich bitte nicht mit den „geeigneten Zeiten" fest.
Die Tourenbeschreibungen sind so ausführlich gehalten, wie es mir zum sicheren Verfolgen der Route, vor allem bei weglosen Abschnitten, notwendig erschien. Stellen, an denen man nach meiner eigenen Erfahrung leicht Fehler machen kann, sind besonders erwähnt, so daß auch dort die Weiterführung der Route klar ist. Sehr nützlich ist es, eine gute Karte des betreffenden Gebiets (Höhenlinienabstand 20 Meter) sowie einen Kompaß – hier genügt eine einfache Rundausführung – und möglichst auch einen Höhenmesser bei sich zu haben, die die Orientierung, besonders bei Schlechtwettereinbruch, sehr erleichtern. Empfehlenswert für die beschriebenen Touren sind folgende Karten:
„Allgäuer Alpen" 1:50 000 (Tourengebiete 1 bis 11)
„Füssen und Umgebung" 1:50 000 (Tourengebiete 12, 13, 15)
„Werdenfelser Land" 1:50 000 (Tourengebiete 14, 20)
alle herausgegeben vom Bayerischen Landesvermessungsamt, München
„Reutte" 1:25 000 (Tourengebiete 16 bis 19)
herausgegeben vom österreichischen Bundesamt für Eich- und Vermessungswesen, Wien

Außerdem stehen die ausgezeichneten Karten des Deutschen Alpenvereins
„Allgäuer–Lechtaler Alpen Blatt 2/1 Westblatt“ (Tourengebiete 4, 5, 10)
„Allgäuer–Lechtaler Alpen Blatt 2/2 Ostblatt“ (Tourengebiete 6, 11)
im Maßstab 1:25 000 zur Verfügung.

Die verheerenden Wirbelstürme Anfang 1990 haben in den Bergwäldern vielerorts große Windbruchschäden hinterlassen, die heute nur zum Teil beseitigt sind. Davon sind auch einige Touren dieses Buchs betroffen. Um den aktuellen Stand der Beschreibungen sicherzustellen, habe ich sämtliche Touren 1990/91 noch einmal wiederholt.
Zum Schluß eine herzliche Bitte: Halten Sie sich an die Routenbeschreibungen. Lassen Sie sich auf keine vermeintlichen Abkürzer ein. Sie dauern meist länger als die Originalroute und können dem weniger Geübten zum Verhängnis werden, besonders bei Wetterumschwung. Und helfen Sie mit, die vielerorts noch heile Natur in unseren Bergen zu schützen und zu erhalten. Achten Sie Pflanze und Tier, damit sich auch kommende Generationen daran noch erfreuen können.

In diesem Sinne wünsche ich Ihnen viele schöne Bergerlebnisse.

Augsburg, im Dezember 1991

Inhaltsverzeichnis

Bewertung der Anforderungen

Die hinsichtlich Bergerfahrung anpruchsvollsten Touren

4.3 Auf die Höfats
11 Über Schöneckerkopf und Balschtespitze zur Rotwand (mit Balschteturm und Südl. Söllerkopf)
18 Über den Reuttener Höhenweg (mit Wetterkreuz und Kelmer Spitze)
16.1 Vom Roten Stein zum Hönig
3.2 Die Derrentalumrahmung
15.1 Von der Kohlbergspitze zum Plattberg

Die längsten und anstrengendsten Touren

4.2 Rundtour über Kegelkopf, Kreuzeck und Rauheck
11 Über Schöneckerkopf und Balschtespitze zur Rotwand (mit Balschteturm und Südl. Söllerkopf)
20 Kammtour über die Hauptgipfel des Estergebirges
14 Von der Notkarspitze zur Kieneckspitze
10 Über die Jöchlspitze zum Ramstallkopf
5.1 Die Seealptalumrahmung

Die leichtesten Touren

16.2 Sonnberg-Hönig-Kamm
4.1 Auf Hinteren Riffenkopf und Hahnenkopf
5.2 Über das Rubihorn
19 Im Nordteil der Rudigergruppe
2.2 Hoher Ifen
6.1 Über den Kanzberg zur Jochspitze (ohne Südl. Höllhorn)

Erläuterungen zu den Karten und Tourenprofilen

Die Karten sind maßstabgerecht gezeichnet. Sie enthalten alle für die Touren wichtigen Angaben. Hinsichtlich der Routenführung gilt:

 Bei der Tour einschließlich der Varianten benutzter markierter oder nicht markierter, jedenfalls deutlicher Weg oder Steig

 Weglose Strecke mit oder ohne Trittspuren

 Wege, die bei der Tour nicht benutzt werden, aber im Tourenbereich liegen und gegebenenfalls eine Ausweichmöglichkeit bieten

Ⓟ Parkplatz am Ausgangsort.

Die Tourenprofile zeigen den Höhenverlauf der Touren über der Wegstrecke. Sie sind 4fach überhöht, um die Höhenunterschiede deutlicher zu machen. Wichtige Geländepunkte sind durch Kreise, Gipfel durch Dreiecke dargestellt. Die auf Viertelstunden abgerundeten Gehzeiten gelten jeweils von Kreis zu Kreis bzw. Gipfeldreieck. Sie entsprechen mittleren Gehleistungen und enthalten kurze Verschnaufpausen, aber keine Rasten. Dies ist bei der Tourenplanung zu berücksichtigen. Man wird also den Gesamtgehzeiten 1 bis 1½ Stunden zurechnen müssen.
Die Schräge der Verbindungslinien zwischen den Punkten entspricht der mittleren Steigung, es können also örtlich steilere oder flachere Stellen vorliegen. Diese sind nur bei längeren, deutlich unterschiedlichen Steigungen berücksichtigt.

Allgäuer Alpen

①

In der Nagelfluhkette

Über Mittag, Steineberg und Stuiben zum Immenstädter Horn

Nach der langen Winterpause, wenn milde Frühlingsluft durch die Alpentäler streicht und der Schnee in größere Höhen zurückgewichen ist, zieht es den Bergfreund mit Macht ins Gebirge. Doch ist die Tourenauswahl im April und Mai noch beschränkt. Der Schein im Alpenvorland trügt: In den höheren

Der Steineberggipfel vom Aufstieg über den Nordostrücken

Rückblick vom Steineberg-Nordostkamm auf Immenstadt

Regionen herrscht noch immer der Winter, und Bergtouren in größeren Höhen bedürfen der Erfahrung und besonderer Vorsicht. Natürlich spielen hier die spezifische Schneesituation und die Hanglage der Route eine wichtige Rolle. Es ist immer gut, bei Touren in dieser Jahreszeit seine Grödeln im Rucksack zu haben, denn es läßt sich kaum vermeiden, daß mitunter auch in tieferen Lagen Schneeflecken oder schneegefüllte Rinnen gequert werden müssen, die vor allem morgens noch hart sind und bei ungenügender Vorsicht und Ausrüstung zu gefährlichen Rutschbahnen werden können.
Diesen Gegebenheiten Rechnung tragend möchte ich Ihnen eine sehr hübsche und vor allem geologisch interessante Rundtour vorstellen, die sich unterhalb der 1800-Meter-Grenze bewegt und deren Ausgangsort, Immenstadt, aus dem gesamten schwäbischen Raum rasch erreichbar ist. Die Route führt uns in die Welt der Nagelfluh, in die Rindsalpen, und überschreitet Mittagspitze, Steineberg, Stuiben und Immenstädter Horn. Sie läßt sich durch Zwischenabstiege variieren und kürzen.
Ausgangspunkt ist der Parkbereich am Friedhof in Immenstadt, den man auch vom Bahnhof in wenigen Minuten erreicht. Hier beginnt der breite gute Weg durchs Steigbachtal, der am rechten Hang des Tobels in 20 Minuten zur Hölzernen Kapelle führt. Wir können auch den tiefer gelegenen Tobelweg benützen, der immer wieder auf den breiten Wanderweg trifft. Er bringt uns noch näher an die sprudelnden Wasser, an die Kaskaden und schroffen Felsen des Tobels heran. An einer Felswand gleich am Eingang der Schlucht erblicken wir hoch droben eine große Metalltafel, die „Dem Einiger des Reiches, Kaiser Wilhelm I., zur Jahrhundertfeier 1797–1897“ gewidmet ist. Man fragt sich überrascht: Was macht der Kaiser Wilhelm da oben im Steigbachtobel? – Mit dieser Tafel hat es folgende Bewandt-

Auf dem Steineberg

nis: Zur hundertsten Wiederkehr des Geburtstags Kaiser Wilhelms I. fanden am 22. März 1897 in allen größeren Orten des Deutschen Reiches, auch in Immenstadt, Kaiserfeiern statt. Bei dieser Feier wurde angeregt, dem Kaiser, der bei der schrecklichen Immenstädter Hochwasserkatastrophe im Jahre 1873 als Sofortmaßnahme 4000 Gulden – eine für damalige Verhältnisse großherzige Spende – überwiesen hatte, eine Gedenktafel zu widmen. Die 7 Zentner schwere, 4 Meter breite und 2,5 Meter hohe Gedenktafel wurde am 19. September 1897 feierlich enthüllt. – So stößt man mitunter auch bei Bergtouren auf Zeugnisse der Heimatgeschichte!

An der um 1800 erbauten winzigen hölzernen Kapelle, die dort errichtet wurde, wo sich Anno 1632 die Immenstädter gegen die Schweden verschanzten, zweigen wir beim Schild „Mittag–Steineberg“ nach links ab, überschreiten den Steigbach auf breiter Brücke und folgen gleich dahinter dem Forstweg. Nach 5 Minuten weist ein Schild nach links den Wiesenrücken hinauf. Ein schmaler nicht markierter Pfad führt in den Mischwald hinein, windet sich durch junge Fichten an einem Zaun entlang und zieht, nach scharfer Rechtswendung, in vielen Kehren empor, weiter oben am Rand eines breiten, vom Nordrücken herabkommenden Grashangs. Es ist günstig, am Wendepunkt der obersten Kehre dem Weg nicht weiter zu folgen, sondern den Zaun am Waldrand auf dafür vorgesehenen Holztritten zu übersteigen und auf Pfadspuren zum Nordrücken hinüberzuqueren, wo man im Bereich der Alpe Schwanden auf den von Immenstadt heraufführenden Weg trifft. Dieser Anstieg ist besser und kürzer als der weit nach Süden ausholende Normalweg.

Eine weitere Möglichkeit, zum Mittag zu gelangen, ist der Anstieg direkt über den Nordrücken, der

Am Nagelfluhkamm zwischen Steineberg und Stuiben

hübsche Rückblicke hinunter auf Immenstadt gewährt, aber im unteren Teil sehr steil und insgesamt anstrengender ist als der Weg durch den Steigbachtobel. Die Aufstiegszeit ist die gleiche. Wenn wir diese Route wählen, gilt es, vom Parkplatz zunächst auf den Weg jenseits des Steigbachs zu gelangen, am besten auf der Straßenbrücke etwa 150 Meter bachabwärts (die Brücke unmittelbar am Beginn des Tobels hat keine Verbindung zum Weg!). Der Weg überwindet die ersten steilen 150 Höhenmeter des Nordrückens auf vielen Stufen, führt dann, teils kaum erkennbar, über Wiesenhänge neben der Stromleitung zum ganzjährig bewirtschafteten „Rasthaus am Mittag" und weiter zur Mittagalp.
Von der Mittagalp führt ein Weg in wenigen Minuten zur Alpe Schwanden, von dort nach rechts steiler den Rücken hinauf zum Mittagkreuz. Hier bietet sich ein prächtiger Panoramablick auf den Hauptkamm der Allgäuer Alpen.
Das Mittagkreuz steht nicht am höchsten Punkt. Wir können ihn auf schmalem Pfad in ein paar Minuten überschreiten – hier befindet sich seit Oktober 1988 ein Funkmast der Bergwacht – und treffen bald auf den Weg, der zum Bärenkopf hinüberführt. Das Bärenkopfkreuz steht auf dem flachen Sattel zwischen den beiden wenig ausgeprägten Gipfeln, deren Besuch nicht lohnt. Wir haben nun unser nächstes Ziel vor uns, den Steineberg, die erste markante Erhebung unserer Tour mit einem nach Norden in schroffer Stufe abbrechenden Gipfelaufbau. Hier treten wir in den Bereich der Nagelfluh ein, jener eigenartigen Gesteinsformation, die in den Allgäuer Voralpen verschiedentlich zutage tritt. Nagelfluh, ein unter Druck erst im Tertiär entstandenes Gemisch (Konglomerat) aus verfestigten Ablagerungen (Sedimenten) und Geröllen von Kalk, auch Quarz, Granit und Gneis, verdankt seinen Namen den an der Oberfläche

nagelkopfartig hervortretenden Geröllen und dem althochdeutschen Fluoh (Felswand). Die Gerölle sitzen oft sehr lose in der Grundmasse, und das rauhe, kleingriffige Gestein ist deshalb sehr unzuverlässig. Dieses Gestein prägt den ganzen vor uns liegenden, im Hochgrat gipfelnden Kamm, die Nagelfluhkette.
Der Steig auf den Steineberg führt, meist etwas links der Grathöhe, an den Gipfelaufbau heran, wo wir zwei Möglichkeiten haben. Die hübschere und etwas anspruchsvollere ist die unmittelbare Fortsetzung des Grats mit zwei kleinen drahtseilversicherten Steilstellen, die zweite umgeht den Grat links auf breitem Band. Beide Wege sind deutlich markiert. Sie treffen sich am Fuß der Gipfelwand, die nach rechts umgangen wird. Kurz darauf erreichen wir das Gipfelplateau und das nach Osten vorgeschobene Kreuz.
Der Verbindungsgrat hinüber zum Stuiben ist der landschaftlich reizvollste und interessanteste Teil unserer Tour, erfordert allerdings stellenweise Trittsicherheit und Schwindelfreiheit. Zunächst geht es am breiten Westrücken des Steinebergs, an hübschen Gesteinsbildungen vorbei, hinab in die Scharte vor dem Stuiben. Hier bildet sich der Grat bald schärfer aus. Er ist leicht, aber stellenweise etwas ausgesetzt. Dieses schärfere Gratstück kann man auf einem deutlichen Steig unterhalb der Kammhöhe umgehen, sofern er schneefrei ist. Sonst ist der Grat vorzuziehen. Das letzte Stück zum Gipfel überwindet der Steig drahtseilversichert unmittelbar am Grat.
Der Stuiben bietet dank seiner freien Lage in diesem weit nach Norden vorgeschobenen Kamm einen umfassenden Blick auf die gesamten Allgäuer Alpen. Vor uns im weiteren Kammverlauf bauen sich das Rindalphorn und der Hochgrat auf, lohnende Ziele bei einer Fortsetzung der Kammwanderung, die Bestandteil des Europäischen Fernwanderweges E 5 Bodensee–Adria ist. Wir haben nun den höchsten Punkt unserer Rundtour erreicht und steigen über den Nordrücken, der später nach Osten abknickt, auf deutlichem Pfad, dann auf breitem Alpweg an der Gundalpe vorbei zur Mittelbergalpe ab, einem urigen Gebäude mit großem Stadel und zünftiger Gaststube. Die Alpe ist an den Wochenenden ganzjährig bewirtschaftet, in den Sommermonaten vom Senn, von Oktober bis Ostern von den Naturfreunden Immenstadt.
Wer auf die Besteigung des Stuiben verzichten möchte, kann von der tiefsten Einsenkung zwischen Steineberg und Stuiben aus auf beschildertem Steig zur Gundalpe absteigen. Sie ist von Anfang Juni bis Ende Oktober einfach bewirtschaftet. Von hier kann man über die Mittelbergalpe auf bequemem Weg am seit Anfang Februar 1983 wieder öffentlich zugänglichen Berghotel Almagmach vorbei durch das Steigbachtal nach Immenstadt hinauswandern.
Hübsch ist es, den Rückweg mit der Besteigung des Immenstädter Horns zu verbinden, einer sanften Waldkuppe mit großem Gipfelkreuz, von dem man einen schönen Blick hinunter auf den Alpsee hat. Dazu steigen wir gleich hinter der Mittelbergalpe auf Wegspuren zur sichtbaren Seifenmoosalpe ab, wandern auf schotterigem Weg nach links zum Kemptner Naturfreundehaus hinauf und folgen dem dort beginnenden Weg rechts hinab zur Hütte „Auf der Alpe“. Von hier geht es beschildert über die

Am Verbindungsgrat zwischen Steineberg und Stuiben

Alpwiese zum Waldrand, wo ein Pfad über den Südwestrücken auf den breit hingelagerten Gipfel führt. Der Abstieg nach Immenstadt ist markiert. Wir stoßen bald auf einen breiten Forstweg, dem wir nach rechts folgen. Von ihm zweigt nach wenigen Minuten der schmale Steig über die „Kanzel" nach Immenstadt ab. Von der Kanzel, einem geländerbewehrten Aussichtspunkt über steilen Abbrüchen, hat man einen schönen Blick auf den Ort. Von hier geht es in vielen kurzen Kehren hinab nach Immenstadt.

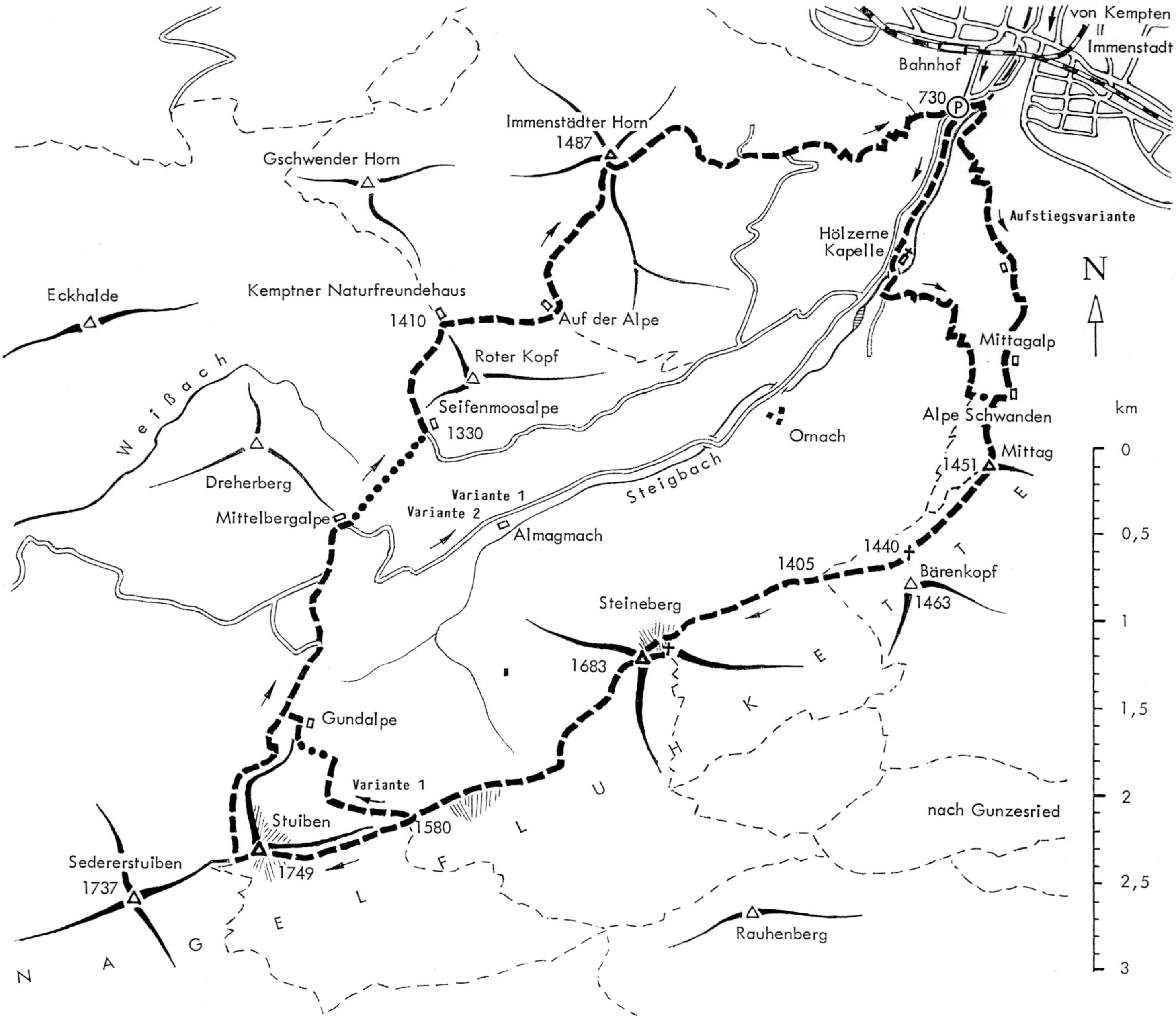
von Kempten
Immenstadt
Bahnhof
730
P
Immenstädter Horn
1487
Gschwender Horn
Aufstiegsvariante
Hölzerne Kapelle
N
Eckhalde
Kemptner Naturfreundehaus
1410
Auf der Alpe
Roter Kopf
Mittagalp
Weißach
Seifenmoosalpe
1330
Ornach
Alpe Schwanden
km
Dreherberg
Mittag
1451
0
Variante 1
Variante 2
Steigbach
Mittelbergalpe
Almagmach
0,5
1440
1405
Bärenkopf
1463
Steineberg
1
1683
1,5
Gundalpe
Variante 1
2
Stuiben
1580
nach Gunzesried
Sedererstuiben
1737
1749
2,5
Rauhenberg
3
NAGELFLUHKETTE

Tourenprofil mit Gehzeiten (Stunden)

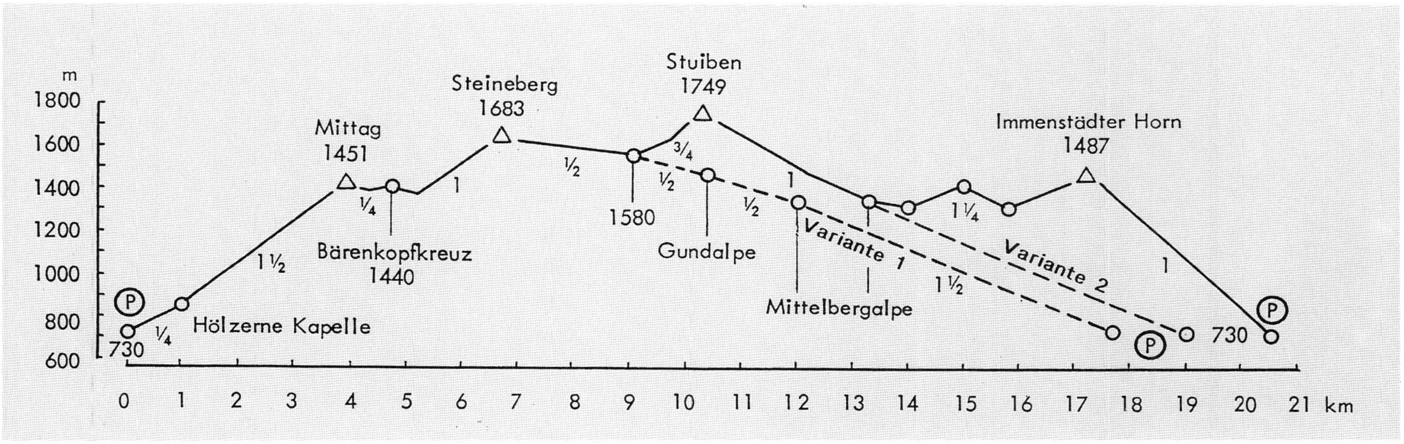

Tourendaten

Ausgangsort:	Immenstadt – Parkbereich am Friedhof, 730 m	
Geeignete Zeit:	(April) Mai bis Oktober (November)	
Gipfel:	Mittag 1451 m – Steineberg 1683 m – Stuiben 1749 m – Immenstädter Horn 1487 m	
Steighöhen und Gehzeiten:	Gesamttour:	1440 m – 7 bis 8 Stunden
	Variante 1:	Abstieg vom Steineberg über Mittelbergalpe nach Immenstadt Steighöhe 1020 m – Gehzeit 6 bis 6½ Stunden
	Variante 2:	Abstieg vom Stuiben über Mittelbergalpe nach Immenstadt Steighöhe 1200 m – Gehzeit 6½ bis 7 Stunden
Charakter:	Aussichtsreiche Vorgebirgswanderung im Bereich interessanter Gesteinsformationen. Bei der Überschreitung von Steineberg und Stuiben Trittsicherheit erforderlich.	

②

Im Schwarzwassergebiet

Kammwanderung überm Schwarzwassertal

Das staatlich zu Österreich gehörende, wirtschaftlich an die Bundesrepublik angeschlossene Kleinwalsertal, das aus dem schwäbischen Raum über Oberstdorf in annehmbarer Zeit erreichbar ist, bietet eine Fülle schöner Bergfahrten. Eine besonders reizvolle Tour ist eine Kammwanderung hoch überm Schwarzwassertal mit Überschreitung des Steinmannl, des Grünhorn, der Ochsenhofer Köpfe und des Lüchlekopfs bis hin zum Walmendinger Horn, die Ausdauernde und mit scharfen Grasgraten Vertraute über den sogenannten Heuberggrat bis zum Heuberg fortsetzen können. Bei dieser langen Kammwanderung, die durch Abstiege ins Schwarzwassertal variiert und verkürzt werden kann, bietet sich der markante, schiffbugartig aufragende Hohe Ifen aus den verschiedensten Blickwinkeln dar, während der das hintere Kleinwalsertal beherrschende Widderstein bei der ganzen Tour unser ständiger Begleiter auf der anderen Seite ist. Unsere Rundwanderung verläuft, abgesehen vom Heubergabstieg, auf guten Wegen und deutlichen Steigen.
Ausgangspunkt ist der große Parkplatz am Sporthotel Auenhütte, den man über ein in Riezlern hinter der Breitachbrücke abzweigendes Asphaltsträßchen (beschildert) erreicht. Unsere Tour beginnt mit einem Schmankerl. Von der Auenhütte zur Schwarzwasserhütte und ein kleines Stück darüber hinaus führt der Naturlehrpfad Schwarzwassertal, der 1983 vom Verein Landschaftsschutz Kleinwalsertal eingerichtet wurde, ein einzigartiger Weg durch eine noch weitgehend ursprüngliche Natur, der uns verschiedene Landschaftsformen vor Augen führt. Da ist zunächst der Rüchewald, ein Felssturzgebiet mit großen im Wald verstreuten Felsblöcken, die einst vom Ifen herabgestürzt sind. Hier hat eine im Februar 1988 vom Walmendiger Horn abgegangene große Lawine eine breite Schneise geschlagen. – Dann die weite Ebene der Öde mit der Melköde am westlichen Rand, ein verlandeter See, an dessen talseitigem Ende der meist wasserreiche Schwarzwasserbach völlig versickert, um erst einen Kilometer bachabwärts wieder zutage zu treten. Schließlich die ausgedehnten Hochmoore, die wir beim Aufstieg von der Melköde zur Schwarzwasserhütte auf durch Steine oder Holzknüppel befestigten Wegen durchwandern. Der beschilderte Weg ist jetzt so geführt, daß er diese prächtige Moorlandschaft weitgehend unberührt läßt. Bitte halten Sie sich zum Schutz des Moores streng an diese Wegführung und Beschilderung. Der Naturlehrpfad endet etwas oberhalb der Schwarzwasserhütte am Rande einer besonders ausgeprägten Moorfläche, in der sich der Ifen spiegelt. Die einzelnen, von den verschiedenen Landschaftsformen bestimmten Abschnitte des Lehrpfades sind durch grüne Schilder mit Buchstaben,

Der Ifen vom Hochmoor oberhalb der Schwarzwasserhütte nach leichtem Neuschneefall

die auftretenden Baumarten durch Zahlen gekennzeichnet, die in einem liebevoll zusammengestellten und schön bebilderten sehr informativen Büchlein „Naturlehrpfad Schwarzwassertal“ ausführlich erläutert sind. Es ist unter anderem in der Schwarzwasserhütte erhältlich.

Von der gemütlichen, von Mitte Juni bis Mitte Oktober geöffneten Hütte steigen wir auf bezeichnetem Weg über den grasigen, weiter oben latschenbewachsenen Ostrücken zum Steinmannl auf. Wir können den Rücken, der sich im obersten Teil zuschärft, auf Grastritten bis zum Nordgrat verfolgen und dort auf Pfadspuren zum nahen Gipfel emporsteigen oder ein Stück unterhalb der Grathöhe, bis in den Frühsommer hinein oft über eine flache Schneerinne, zur Südostflanke queren und über diese den

Das Grünhorn vom Steinmannl. Dahinter der Widderstein

kreuzgeschmückten Gipfel gewinnen. Von hier läßt sich der gesamte Verlauf unserer Kammwanderung gut überblicken. Im Südosten erhebt sich unser nächstes Ziel, das doppelgipfelige Grünhorn, hinter dem der Widderstein hervorschaut. Es ist mit dem Steinmannl durch einen teils grasigen, teils felsigen Grat verbunden, der nicht schwierig zu begehen ist, allerdings Trittsicherheit verlangt. Diese Gratüberschreitung ist besonders hübsch und der alpinste Teil unserer Tour. Links an das Grünhorn schließen sich die beiden Erhebungen der Ochsenhofer Köpfe an, gefolgt von Lüchlekopf (Muttelbergkopf) und Walmendinger Horn. Im Nordosten steht der Hohe Ifen mit seiner eigenartigen, die ganze Gipfelabdachung umrahmenden Felsstufe, im Südwesten nahe das Kreuzmannl, das man vom Steinmannl auf

Pfadspuren meist unmittelbar auf der Grathöhe, am Schluß über einen kurzen, steilen, seit einiger Zeit drahtseilversicherten Aufschwung mit einer Dreiviertelstunde Mehraufwand unschwierig „mitnehmen" kann. Dieser Übergang erfordert sicheren Tritt. Auf dem Rückweg steigt man dann nicht mehr zum Steinmannl auf, sondern quert schon vorher am mäßig steilen Hang horizontal zum tiefsten Punkt des Verbindungskammes zwischen Steinmannl und Grünhorn hinüber.
Nach dieser Orientierung gehen wir unsere Grattour an. Der deutliche Steig zum Grünhorn verläuft meist auf der Grathöhe, mitunter hart an den linksseitigen Abbrüchen der Nordostflanke, überschreitet einige kleine Felsköpfe und zieht endlich, steiler, zum nördlichen Gipfel empor, von dem der südlich gelegene höchste Punkt in wenigen Minuten erreicht wird. Wir steigen nun zur Ochsenhofer Scharte ab, bei guten Verhältnissen auf Pfadspuren am Grat, bei Nässe oder Schnee besser etwas nach Süden ausholend in der weniger geneigten Südostflanke. Von der Scharte besteht die Möglichkeit, auf markiertem Weg in einer halben Stunde zur Schwarzwasserhütte abzusteigen. Sehr lohnend ist jedoch die Fortsetzung der Kammwanderung, die von hier leicht mit hübschem Blick ins Walsertal und auf den nun rasch seine Kontur wechselnden Ifen über die Ochsenhofer Köpfe zum Lüchlekopf und zur Muttelbergscharte vor dem Walmendinger Horn führt. Diese Kammwanderung ist besonders schön zur Zeit der Alpenrosenblüte, hat aber auch im Herbst ihre Reize. – Für den Aufstieg zum Walmendinger Horn benützen wir, zunächst etwas absteigend, den breiten Fahrweg, der an der Bergstation der Walmendinger-Horn-Bahn endet. Die letzten Meter zum Gipfel überwindet ein gut ausgebauter Serpentinenweg. Konsequenter und interessanter ist es allerdings, von der Muttelbergscharte ohne Höhenverlust über den Westgrat aufzusteigen. Dieser Anstieg erfordert absolute Schwindelfreiheit und Vertrautheit mit brüchigem Schrofengelände. Deutliche Steigspuren führen über den zunächst mäßig steilen Grasrücken an einen schroffen, aus dünnen Schichtplatten bestehenden, äußerst brüchigen Steilaufschwung heran, den man am besten einige Meter nach rechts ausweichend auf Gras- und Schrofentritten bezwingt. Weiter unmittelbar am Grat, der bald zunehmend leichter wird. Für diesen Gratanstieg benötigt man eine gute halbe Stunde, etwas weniger als auf dem Normalweg.
Vom Walmendinger Horn steigen wir zur Bergstation ab, an deren talseitigem Ende nach links ein Steiglein abzweigt, das bald auf den etwas weiter ausholenden Normalweg trifft. Dieser stößt wenig später auf eine Weggabelung: Nach links gehts hinunter zur Auenhütte, gradeaus zum Heuberg. Das Übliche wird der Abstieg sein. Der Weg führt steil hinab zur Walmendinger Alp, wo er sich scharf nach links wendet. An einer breiten Lichtung, die den Blick auf die Auenhütte freigibt, zweigt ein nicht beschilderter Steig ab, der rasch ins Tal hinabführt. Bei Niedrigwasser können wir hier den Schwarzwasserbach ohne Schwierigkeit überschreiten und sind in wenigen Minuten am Parkplatz. Führt der Bach viel Wasser, gehen wir auf dem breiten Weg einige hundert Meter bachabwärts zur einzigen Brücke in diesem Bereich. Auch von hier ist es nicht mehr weit zur Auenhütte.
Nur geübte, absolut trittsichere und schwindelfreie Geher sollten sich an den Heuberggrat wagen,

obwohl ein deutlicher Steig über den gesamten Grat führt. Das Schild „nur für Geübte" ist unbedingt ernst zu nehmen. Der Heuberggrat ist ein zum Heuberg leicht absinkender, streckenweise mit knorrigen Fichten bestandener, ziemlich scharfer und mit einigen Steilstufen aufwartender Gras- und Schrofengrat ohne Sicherungen. Die Steilstufen werden vom Walmendinger Horn her durchwegs im Abstieg begangen, was eher erschwerend ist. Besonders an diesen Stufen ist größte Vorsicht geboten. Bei trockenem Wetter ist diese Gratbegehung für Geübte recht interessant. Bei Nässe dagegen sollte der Heuberggrat absolut tabu sein. – Man erreicht schließlich, zum Schluß nur wenig ansteigend, den Heuberg, von dem man einen hübschen Blick hinunter ins Kleinwalsertal und nach der anderen Seite ins Schwarzwassertal hat. Wer bis hierher vorgedrungen ist, wird auch keine Schwierigkeiten beim weglosen Abstieg zur Auenhütte haben: Man verfolgt dazu den Nordostrücken auf dem nach Hirschegg führenden Steig so weit, bis der im Gipfelbereich sehr steile Hang sich in weniger steilem Gelände nach links leicht umgehen läßt, und steigt dann in der auf die sichtbare Auenhütte weisenden, teils mit Erlengestrüpp bewachsenen Lichtung zum Parkplatz ab.

Hoher Ifen

Eine Tourenbeschreibung im Bereich des Schwarzwassertals wäre unvollständig, schlösse sie nicht auch den Hohen Ifen selbst ein, für dessen Besteigung die Auenhütte der günstigste Ausgangspunkt ist. Die Steilwände dieser gewaltigen, von Nordwesten nach Südosten abfallenden Kreide- und Schrattenkalkplatte weisen auf beiden Längsseiten Unterbrechungen auf, die eine unschwierige Überschreitung dieses interessanten Berges ermöglichen.

Von der Auenhütte führt ein bequemer beschilderter Weg zur Ifenhütte (geöffnet Mitte Juni bis Mitte Oktober), die wir kürzer auch über die Sesselliftschneise erreichen. Von hier geht es steil zu dem breiten, unter der Ifenmauer entlangziehenden Graben bis zu der deutlichen Unterbrechung der im übrigen senkrecht oder in Steilstufen abstürzenden Wandflucht. Hier führt der markierte Steig in langen Kehren über grobes Geröll zum Fuß der obersten Wandabbrüche, die er seilversichert auf Bändern (Eugen-Köhler-Weg) überwindet. Wir erreichen das Gipfelplateau und haben nun noch gut 20 Minuten bis zum höchsten Punkt. Außer prächtigen Fernblicken ist besonders eindrucksvoll der Tiefblick über die senkrechten Abstürze der Nordostseite hinab auf den Gottesacker mit den Oberen Gottesackerwänden.

Der Abstieg nach Südwesten ist gleichfalls markiert und im Bereich der Mauerbresche, wo einige plattige Abschnitte durchquert werden, seilversichert. An der Ifersgundalp vorbei gelangen wir zur Schwarzwasserhütte und kehren über die Melköde zur Auenhütte zurück.

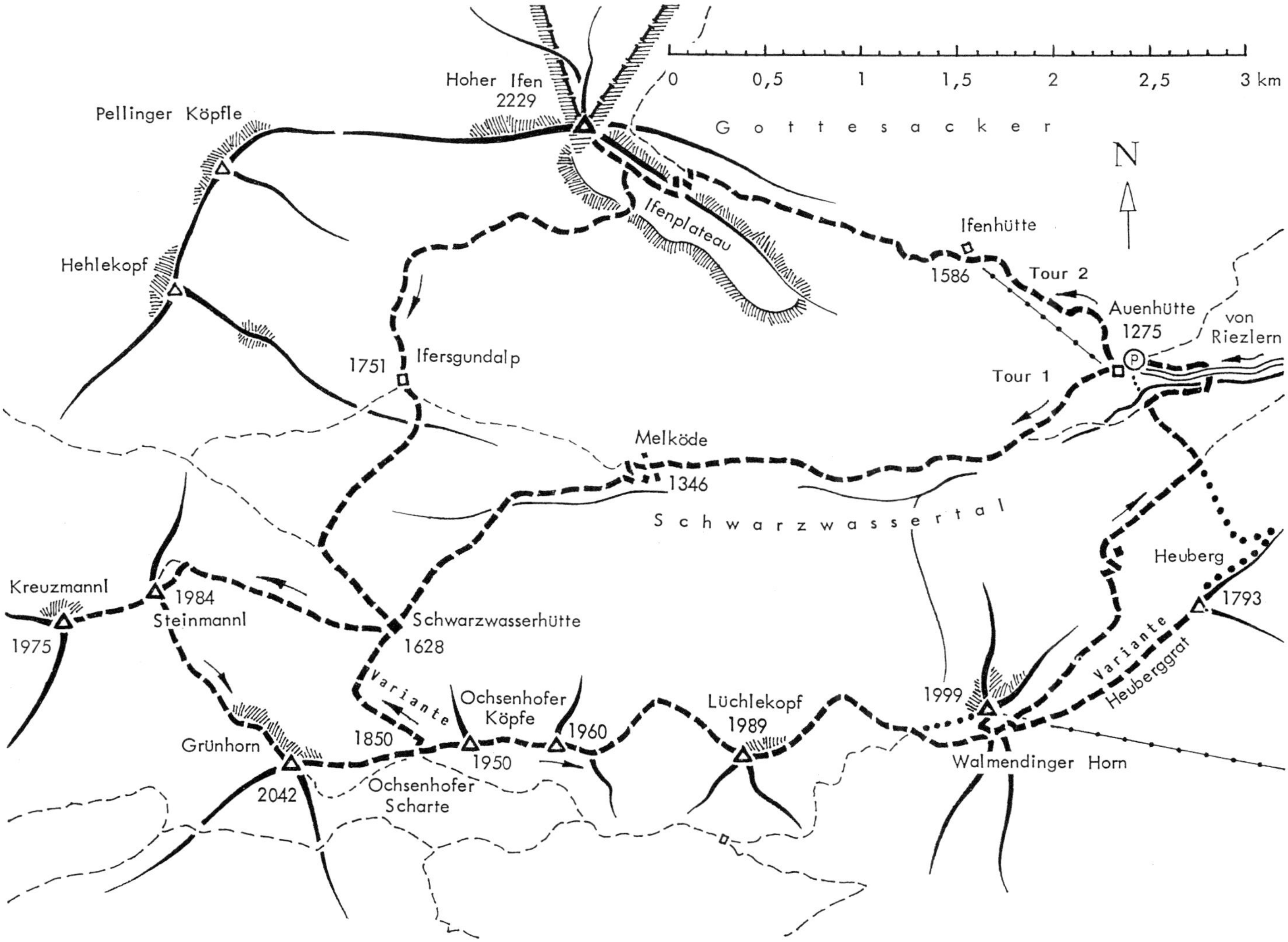

0 0,5 1 1,5 2 2,5 3 km
Gottesacker
N
Hoher Ifen
2229
Pellinger Köpfle
Hehlekopf
Ifenplateau
Ifenhütte
1586
Tour 2
Auenhütte
1275
von Riezlern
P
Tour 1
1751
Ifersgundalp
Melköde
1346
Schwarzwassertal
Heuberg
1793
Kreuzmannl
1975
1984
Steinmannl
Schwarzwasserhütte
1628
Variante
Variante Heuberggrat
Ochsenhofer Köpfe
1960
1850
1950
Lüchlekopf
1989
1999
Walmendinger Horn
Grünhorn
2042
Ochsenhofer Scharte

Am Verbindungsgrat zwischen Steinmannl und Grünhorn

Tourendaten:

Ausgangsort:	Auenhütte – 1275 m
Geeignete Zeit:	Juni bis Oktober – Hoher Ifen: Juli bis Oktober

Tour 1

Gipfel:	Steinmannl 1984 m – Kreuzmannl 1975 m – Grünhorn 2042 m – Ochsenhofer Köpfe 1950/1960 m – Lüchlekopf 1989 m – Walmendinger Horn 1999 m – Heuberg 1793 m	
Steighöhen und Gehzeiten:	Gesamttour mit Kreuzmannl	1300 m – 8¾ bis 9¼ Stunden
	Ohne Kreuzmannl	1270 m – 8 bis 8½ Stunden
	Ohne Heuberg	1240 m – 7½ bis 8 Stunden
	Nur Steinmannl – Grünhorn	840 m – 5½ bis 6 Stunden
Charakter:	Landschaftlich hervorragende Tal- und Kammwanderung, die beim Übergang vom Steinmannl zum Grünhorn und am Kreuzmannl trittsicheres Gehen verlangt. Der Heuberggrat ist Geübten vorbehalten.	

Tourenprofil mit Gehzeiten (Stunden)

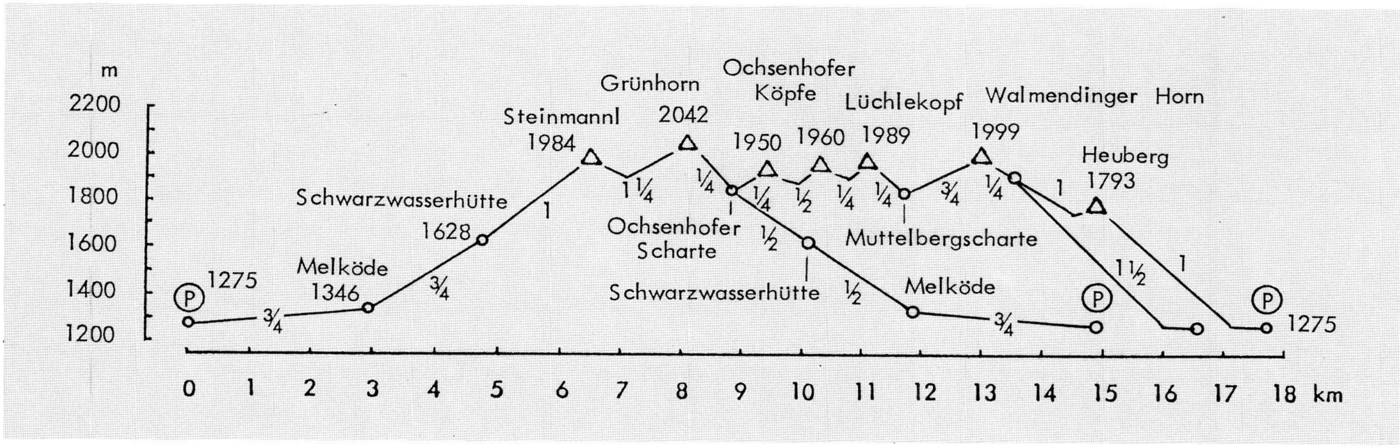

Tour 2

Gipfel:	Hoher Ifen 2229 m
Steighöhe und Gehzeit:	954 m – 5½ bis 6 Stunden
Charakter:	Überschreitung eines der nach Form und Aufbau eigenartigsten Gipfel der Nördlichen Kalkalpen bei normalen Verhältnissen ohne Schwierigkeit. Schöner Blick auf den Westteil der Allgäuer Alpen und hinab auf das Gottesackerplateau.

Tourenprofil mit Gehzeiten (Stunden)

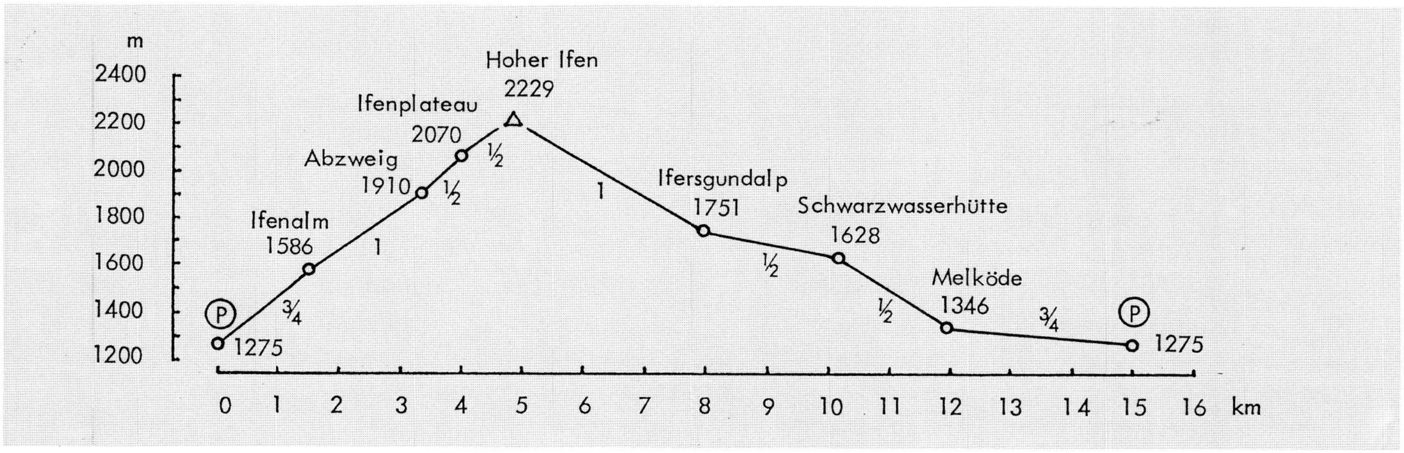

③

In der Baader Bergumrahmung

Die sogenannte Baader Bergumrahmung, jene Bergkette, die das Kleinwalsertal nach Westen abschließt, ist diesmal unser Tourenziel. Es sind Grasberge von typischem Allgäuer Zuschnitt: Steile Gras- und Schrofenflanken, schmale, stellenweise ausgesetzte Grasgrate. Ihre Besteigung ist außerordentlich reizvoll. Außer einer üppigen Flora belohnen prächtige Ausblicke die Aufstiegsmühe: Auf den nahen, alles beherrschenden Widderstein, auf die Gipfelvielfalt der westlichen Lechtaler Alpen und der Klostertaler Alpen mit der firnbedeckten Roten Wand. Schön sind diese Touren selbst noch im Spätherbst, wenn die Flanken und Kämme sich mit fahlem Gelb und Braun überzogen haben und die welkenden Heidelbeersträucher rostrote Farbtupfer setzen. So ist eine Bergwanderung in diesem Gebiet auch an einem schönen Novembertag noch ein unvergleichlicher Genuß.
Ausgangsort ist Baad, der letzte Ort im Kleinwalsertal mit Anfahrt über Oberstdorf – Riezlern. Am Ende der Straße stehen reichlich Parkplätze zur Verfügung.

Auf Güntlispitze und Üntschenspitzen

In Baad zweigt hinter der „Geschenkstube" von der Asphaltstraße nach links ein beschilderter Weg zur Derrenhütte – Güntlispitze – Hochstarzel ab, der nach Überquerung des Turabachs, einem der Quellflüßchen der Breitach, zunächst auf dem unteren Teil des Unspitz-Ostrückens, später, wo der Rücken sich steil aufzuschwingen beginnt, an dessen Südostflanke emporführt. An der Oberen Spitalalpe macht der Weg eine scharfe Wendung nach links und zieht nun in einer weit ausholenden Kehre an der Derrenalpe vorbei zum Nördlichen Derrenjoch zwischen Güntlispitze und Hochstarzel. Über den wenig ausgeprägten Nordostrücken, das letzte Stück auf dem Ostkamm, erreichen wir vom Joch aus in 40 Minuten den schmalen Grasgipfel der Güntlispitze, von der wir erstmals das ganze schon angedeutete Bergpanorama vor uns haben. Im Westen steht nah unser nächstes Ziel, die massige Vordere Üntschenspitze, auch Üntscheller genannt, wohl die beste Aussichtswarte in der gesamten Baader Bergumrahmung mit herrlicher Rundsicht und schönem Tiefblick ins Tal der Bregenzer Ache. Nach Überschreitung des Gipfelkammes der Güntlispitze zweigt einige Meter unterhalb der Kammhöhe nach rechts ein schmaler Pfad ab, der zur flachen Einsenkung des Häfnerjochs hinabführt. Von hier geht es in leichter Wanderung auf den in zwei Stufen aufgebauten geräumigen kreuzgeschmückten Gipfel des Üntscheller.
Zur Wegabzweigung etwas unterhalb des Gipfelkammes der Güntlispitze zurückgekehrt haben wir für

Blick von der Hinteren Üntschenspitze über den scharfen Ostgratrücken hinweg auf den Widderstein. Unten links der Wannenberg

die Fortsetzung unserer Tour zwei Möglichkeiten: Wir können auf bequemem Kammpfad zur nahen Hinteren Üntschenspitze hinübergehen oder die Güntlispitze auf dem Aufstiegsweg überschreiten und über das Nördliche Derrenjoch zur Derrenhütte absteigen, von wo der markierte Weg an den Nordhängen des Wannenbergs entlang nach Baad zurückführt.
Abwechslungsreicher ist es, auch die Hintere Üntschenspitze noch zu besteigen. Der zusätzliche Zeitaufwand ist gering. Vom schmalen Gipfel schauen wir auf den scharfen, nach Südosten ziehenden Grasgrat, Aufstiegsroute des zweiten Tourenvorschlags, und auf den nun näher gerückten mächtigen Felsaufbau des Widderstein. Vom Nordende der Einsenkung zwischen Hinterer Üntschenspitze und Güntlispitze, dem Südlichen Derrenjoch, steigen wir, jeweils die günstigsten Geländeformen nutzend,

auf guten Rasentritten ab, rechts an einem markanten Grasbuckel mit niederem Stacheldrahtzaun vorbei, überschreiten den Bacheinschnitt nach links und stoßen bald auf einen Pfad, der nach wenigen Minuten auf den von der Derrenhütte kommenden markierten Weg trifft. Dieser Abstieg ist kürzer als der Umweg über die Güntlispitze, erfordert allerdings etwas Orientierungssinn. Bei schlechter Sicht ist es ratsam, über die Güntlispitze zurückzugehen.

Die Derrentalumrahmung

Sind Sie mit schmalen Grasgraten vertraut? Dann wird Ihnen diese Tour einen genußreichen Bergtag bieten. Sie erfaßt einen wesentlichen Teil der Baader Bergumrahmung, der von der Hinteren Üntschenspitze bis zur Hochstarzel mit Abstieg über die Unspitze überschritten wird und für den erfahrenen Bergwanderer sowohl alpin als auch botanisch interessant ist, wobei Trittsicherheit und Schwindelfreiheit Voraussetzung sind. Technische Schwierigkeiten gibt es nicht. Über den ganzen Kamm führt ein deutlicher Steig. Allerdings sollte man diese Tour nur bei gutem Wetter und trockenem Boden angehen und bei einem etwaigen Wetterumschlag über einen der Zwischenabstiege zurückkehren.
Der schönste Aufstieg zu unserem ersten Gipfelziel, der Hinteren Üntschenspitze, führt über den langen, unmittelbar bei Baad beginnenden Nordostrücken mit der wenig ausgeprägten Erhebung des Wannenbergs. In Baad folgen wir zunächst dem Schild „Bärgunthütte", verlassen den breiten Weg nach 50 Metern noch vor der Brücke nach rechts und gehen nach weiteren 100 Metern nach links über eine kleine Brücke an den Fuß des Nordostrückens heran. Hier können wir den ersten kurzen Aufschwung entweder unmittelbar auf steilen Tritten überwinden oder links davon, weniger steil, am Wiesenhang. Auf jeden Fall gilt es, die Kammhöhe zu gewinnen, wo wir im Wald oder am Waldrand auf Trittspuren aufsteigen. Nach 100 Höhenmetern prägen sich die Spuren zu einem nun deutlicheren Steiglein aus, das erst auf der Wiese, später im Wald mitunter steil emporzieht. Nach einer guten Stunde flacht der Rücken merklich ab, der Wald lichtet sich und nach einigen kurzen, mit Erlengestrüpp bewachsenen Kammstufen erreichen wir die sanft geschwungene begraste Erhebung des Wannenbergs mit hübschem Blick zurück ins Kleinwalsertal und auf den mächtig aufragenden Widderstein. Über den blumenreichen Rücken und eine flache Einsenkung führt der schmale Pfad an den letzten Grataufschwung heran, der sich nach oben hin zuschärft und steiler wird. Doch macht die Ersteigung auf guten Tritten keine Schwierigkeiten, und wir stehen bald auf dem östlichen Vorkopf der Hinteren Üntschenspitze, von dem der Steig auf scharfem Grasgrat wenig ansteigend zum nahen Gipfel hinüberzieht. Seine Begehung erfordert Vorsicht und trittsicheres Gehen, besonders an einer kurzen plattigen Stelle.
Eine weitere Aufstiegsmöglichkeit zur Hinteren Üntschenspitze, die die gleiche Zeit wie der Wannenbergaufstieg beansprucht, führt auf breitem Alpweg durch das Tal des Bärguntbaches zur Bärgunthütte.

Am Gipfelkamm des Üntscheller. Über dem Vorkopf die Güntlispitze

5 Minuten hinter der Hütte, nach Überschreitung des Baches, zweigt ein nicht überall deutlicher Pfad vom Weg nach rechts ab. Er zieht, immer im Bereich der Materialseilbahn, zur Stierlochalpe empor und, stellenweise oft matschig, weiter zum Talschluß unterhalb des Üntschenpasses (Üntschele), den man auf Trittspuren am besten rechts vom Bacheinschnitt erreicht. Von hier steigt man, das letzte Stück auf steilen Rasentritten, zu dem erwähnten östlichen Vorkopf auf.
Der Abstieg zum Südlichen Derrenjoch auf dem nun breiteren Rücken über zwei kleine Kammbuckel hinweg ist einfach, ebenso der Aufstieg zur Güntlispitze. Kurz vor Erreichen des Gipfelkammes besteht die Möglichkeit, einen Abstecher zur Vorderen Üntschenspitze zu machen. Der einige Meter unterhalb der Kammhöhe nach links abzweigende Pfad leitet über das Häfnerjoch zu dem nach Westen vorge-

schobenen Gipfel mit schöner Aussicht. Insgesamt erfordert die „Mitnahme" der Vorderen Üntschenspitze eine Stunde Mehraufwand. Lohnend ist sie allemal.
Von der Güntlispitze steigen wir auf deutlichem Pfad über den Nordostrücken zum Nördlichen Derrenjoch ab. Schöner als der Normalweg ist indessen der Abstieg auf Trittspuren über den nach links abzweigenden scharfen, einige Höcker aufwerfenden Nordgrat. Er ist unschwierig, aber stellenweise steil und etwas ausgesetzt und erfordert trittsicheres Gehen. – Vom Nördlichen Derrenjoch können wir in 1¼ Stunden über die Derrenhütte nach Baad absteigen.
Unser nächstes Ziel, die Hochstarzel, ist eine Grasschneide, deren höchster Punkt dem Kammverlauf ein kleines Stück nach Osten vorgebaut ist. Der Steig führt vom Joch in kurzen Kehren steil zur Kammhöhe empor und läuft dann nur noch wenig ansteigend auf schmalem Grat zum Gipfel. Auch hier sind sicherer Tritt und Schwindelfreiheit unerläßlich. Das Gleiche gilt für die Fortsetzung des mit einigen Seilsicherungen versehenen, stellenweise plattigen Grats zum Starzeljoch, die in Betracht kommt, wenn die Unspitze nicht bestiegen wird. Vom Starzeljoch führt ein guter Weg an der unbewirtschafteten Starzelhütte und der Inneren und Äußeren Turaalpe vorbei beschildert in 1¼ Stunden nach Baad zurück.
Wem der Gratübergang von der Hinteren Üntschenspitze zur Hochstarzel keine Schwierigkeiten gemacht hat, der sollte die Tour auf jeden Fall mit der reizvollen Überschreitung der Unspitze abschließen. Dazu gilt es, von der Hochstarzel zunächst zum östlich gelegenen Sattel abzusteigen. Trittspuren auf und rechts neben dem Gratrücken führen hinab, wobei besonders in dem gerölldurchsetzten unteren Abschnitt konzentriertes und vorsichtiges Gehen notwendig ist. Unten am Sattel – von hier kann man in wenigen Minuten zur Oberen Spitalalpe absteigen – prägt der Steig sich deutlich aus. Er umgeht einen Grathöcker und läuft dann unmittelbar auf dem Grat über eine schrofige Stufe zur Gipfelschneide empor, die an guten Tritten und Griffen ohne Schwierigkeit erstiegen wird. Dieser hübsche, nur eine Viertelstunde dauernde Gratanstieg verlangt Schwindelfreiheit. Beim Abstieg über den Ostrücken wird eine kleine Steilstufe gleich unterm Gipfel rechts umgangen. Deutliche Pfadspuren führen über den breiter werdenden grasigen Rücken hinab. Er geht im Bereich der ersten Bäume in einen steilen Hang über, den wir auf Tritten im Erlengestrüpp nach links umgehen. Wir gelangen so auf die tiefer liegende Fortsetzung des Ostrückens, die wir nun, immer auf Pfadspuren, in den Waldbereich hinein verfolgen. Dabei sind einige kurze Abschwünge zu überwinden, die die Pfadspuren meist etwas links haltend umgehen, um dann stets wieder zum Kamm zurückzukehren. Im unteren Teil des Rükkens wird rechts der breite Weg sichtbar, der vom Nördlichen Derrenjoch nach Baad führt. Wir folgen nun dem Rücken entweder bis zum Ende, wo er unmittelbar auf den Weg trifft, oder nur so weit, bis wir etwa 30 Höhenmeter über dem Weg in mäßig steilem Gelände hinabsteigen können. Schon früher zum Weg abzusteigen ist nicht zu empfehlen, da der Hang hier steiler und der Höhenunterschied wesentlich größer ist.

Etwas kürzer und weniger steil ist der Abstieg von der Unspitze direkt zu dem vom Nördlichen Derrenjoch herabkommenden Weg: Nach Umgehung der kleinen Steilstufe am Gipfel folgt man dem schwach ausgeprägten, auf den Widderstein weisenden Seitenrücken auf guten Grastritten und erreicht links von der schon vom Gipfel sichtbaren Spitalalpe den Weg.

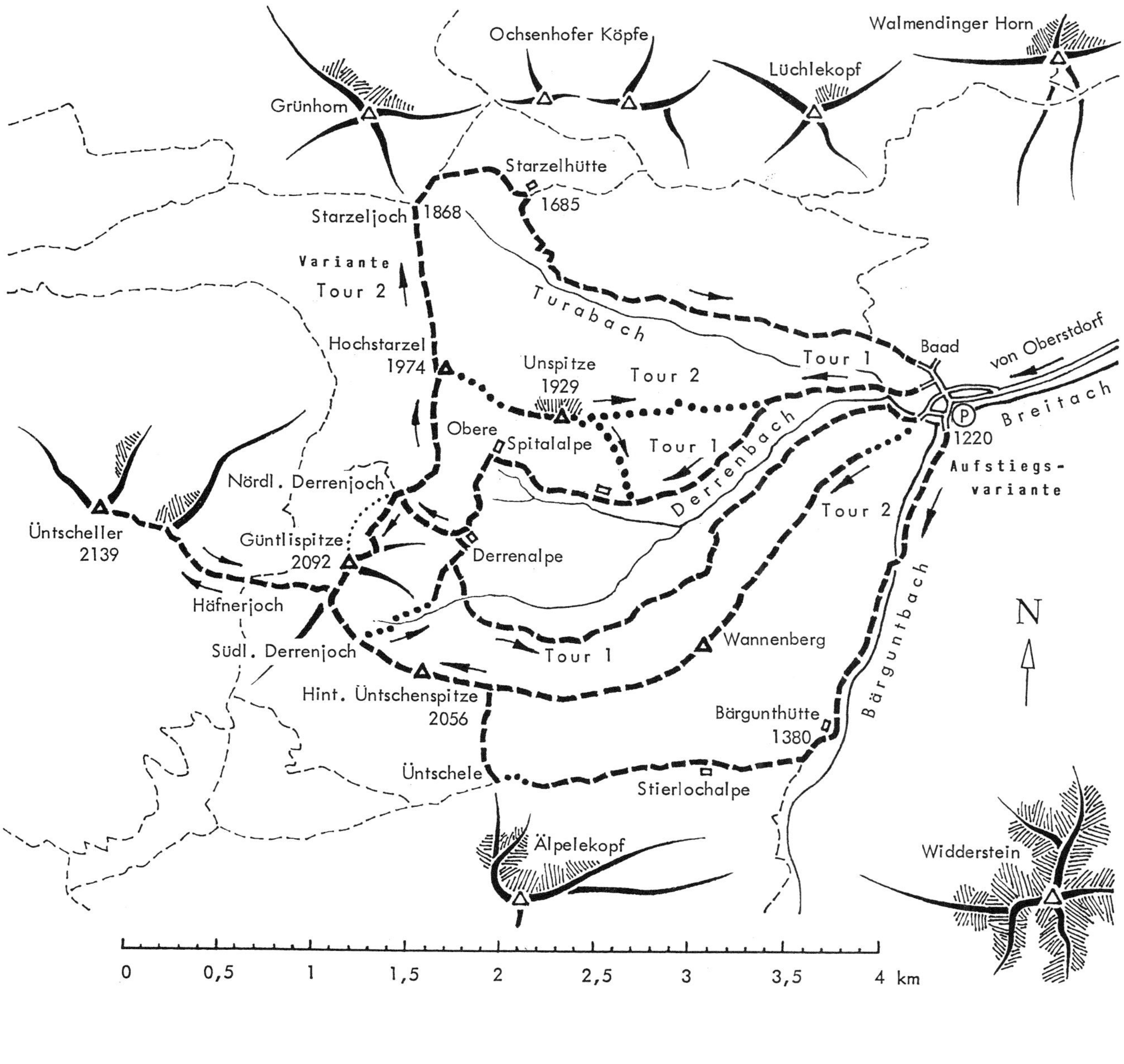

Unspitze und Widderstein von der Hochstarzel

Tourendaten
Ausgangspunkt: Baad (Kleinwalsertal) – 1220 m
Geeignete Zeit: Juni bis Oktober (November)

Tour 1
Gipfel: Güntlispitze 2092 m – Üntscheller 2139 m – Hintere Üntschenspitze 2056 m
Steighöhe und Gehzeit: 1220 m – 5½ bis 6 Stunden
Charakter: Interessante Kammwanderung ohne Schwierigkeiten auf typischen Allgäuer Grasbergen. Bis auf ein kurzes Stück beim Abstieg von der Hinteren Üntschenspitze markierte Wege. Schöne Ausblicke auf Widderstein und Klostertaler Alpen.

Tourenprofil mit Gehzeiten (Stunden)

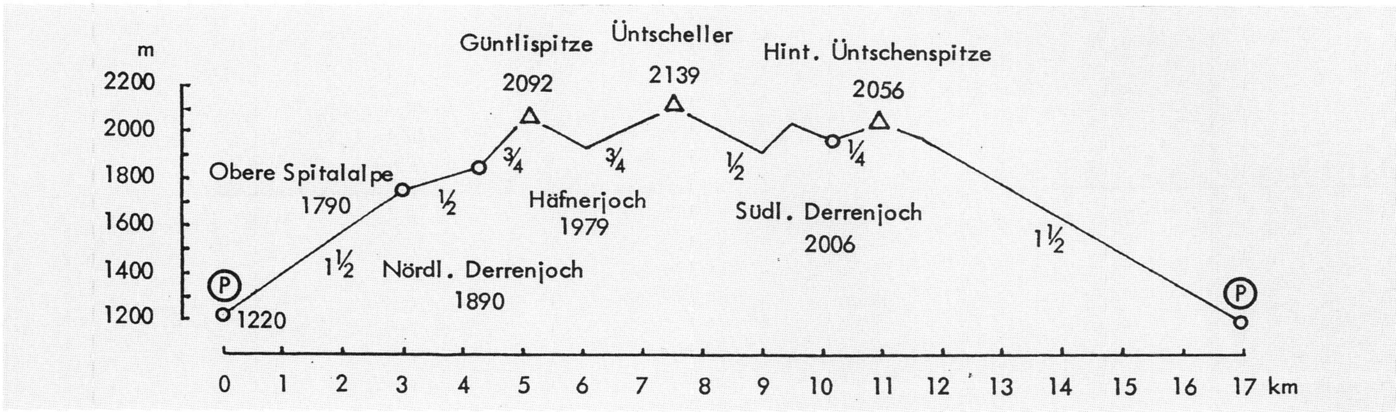

Tour 2

Gipfel: Wannenberg 1829 m – Hintere Üntschenspitze 2056 m – Üntscheller 2139 m – Güntlispitze 2092 m – Hochstarzel 1974 m – Unspitze 1929 m

Steighöhen und Gehzeiten: Gesamte Tour: 1400 m – 6 bis 7 Stunden (mit Üntscheller und Unspitze)
Ohne Üntscheller: 1150 m – 5 bis 6 Stunden
Bei Abstieg übers Starzeljoch: 1085 m – 5 bis 5½ Stunden

Charakter: Ähnlich Tour 1, aber anspruchsvoller. Unschwierig, jedoch Vertrautheit mit scharfen Grasgraten unerläßlich. Nur bei trockenem Boden.

Tourenprofil mit Gehzeiten (Stunden)

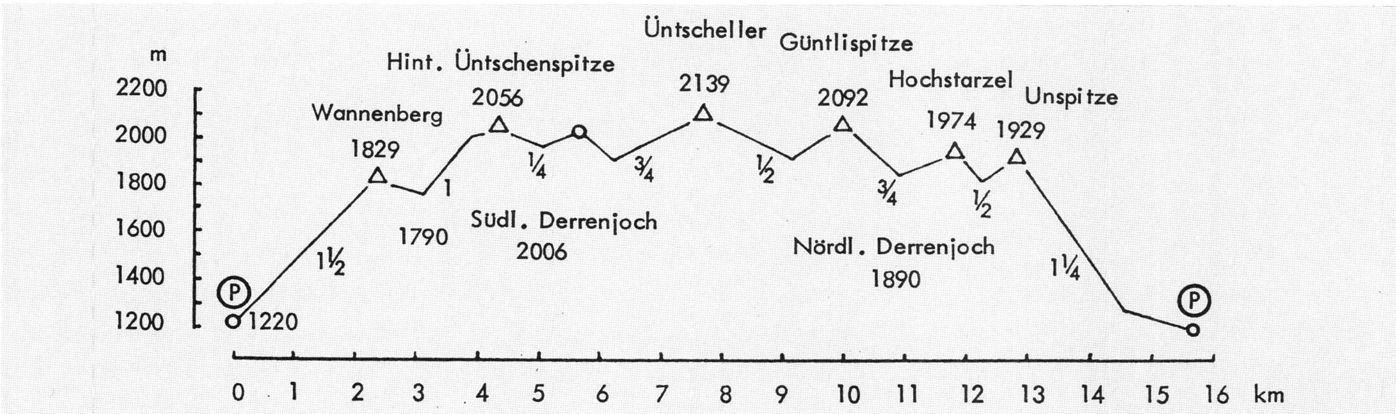

④
Touren im Höfatsgebiet

Einige Kilometer südöstlich von Oberstdorf, im südlichsten Zipfel der Bundesrepublik unweit der österreichischen Grenze, liegt ein formschöner Berg mit steilen Flanken und Graten, ein charakteristischer Allgäuer Berg von unverwechselbarer Gestalt: die Höfats. Obwohl weithin bekannt und gut erreichbar wird er außerhalb der Hochsaison verhältnismäßig wenig bestiegen, und auch an schönen Sommertagen ist er nicht überlaufen. Das liegt sicher daran, daß er kein ganz leichter und auch kein ganz harmloser Berg ist, doch wer etwas Übung im steileren Gelände hat, schwindelfrei ist und die richtige Ausrüstung mitbringt, kann ihn auf den Normalrouten dennoch packen.
Bevor wir aber an die Besteigung der Höfats herangehen, wollen wir uns ein wenig in ihrer unmittelbaren Nachbarschaft umsehen.

Auf Hinteren Riffenkopf und Hahnenkopf

Nach Nordwesten entsendet die Höfats einen Kamm, der in den von Dietersbachtal, Trettachtal und Oytal gebildeten Winkel absinkt und zwei nette, leicht erreichbare Gipfel trägt, den Hinteren Riffenkopf und den Hahnenkopf, die sich in einer hübschen, einfachen Tour gut miteinander verbinden lassen. Die beiden weiteren Gipfel dieses Kammes zur Höfats hin, Hüttenkopf und Gieselerwand, sind wesentlich schlechter zugänglich und kaum lohnend.
Den Wagen lassen wir bei dieser Tour und bei allen hier beschriebenen Bergfahrten im Höfatsgebiet auf dem schattigen Parkplatz Freibergsee, in der Saison für eine geringe Gebühr. Von hier wandern wir auf der für den Normalverkehr gesperrten Straße Richtung Gerstruben, am Golfplatz vorbei, dann die Trettach überquerend, mit schönem Blick auf die steil über dem Trettachtal aufragende Trettachspitze. Die Abzweigung nach Gerstruben ist deutlich beschildert. Durch schönen Mischwald erreichen wir nach einer Stunde den malerisch gelegenen, aus nur wenigen Häusern bestehenden Ort, eine der ältesten

unverfälscht gebliebenen Hochsiedlungen in den Ostalpen. Gleich hinterm Ortseingang zweigt nach links der beschilderte Weg „Hahnenköpfl – Lugenalp“ ab, dem wir folgen. Nach der ersten Kehre führen Wegspuren den Alphang gerade empor zum Wald, wo der Weg sich deutlich ausprägt und in vielen kleinen Kehren Höhe gewinnt. Bald treten wir hinaus auf den freien Hang, auf dem der Weg zum Sattel zwischen Riffenkopf und Hahnenkopf emporzieht. Vom Sattel, 1¼ Stunden von Gerstruben, wenden wir uns nach links unserem ersten Ziel zu, dem Hinteren Riffenkopf. Ein deutlicher Pfad zieht zuerst an der linken Seite des Rückens empor, überquert den Rücken und umgeht dann die Latschen rechts davon. Folgen Sie nicht den Steigspuren auf den vom Sattel aus sichtbaren Vorkopf, sondern benützen Sie den hinter einer auffallenden dicken Latschenwurzel beginnenden Umgehungspfad, der links zur Einsattelung unmittelbar vor dem Hauptgipfel leitet. Eine kurze schrofige Rinne führt zum höchsten Punkt. Wir genießen die Aussicht über das Oytal hinweg auf den dreigipfeligen Großen Wilden und den von rechts in Stufen ansteigenden, nach links senkrecht abfallenden Schneck, auf den Himmelschrofenzug im Südwesten, auf den im Süden über dem Dietersbachtal aufragenden Kegelkopf, dem die nächste Tourenbeschreibung gilt. Die Höfats im Südosten ist vom Hüttenkopf teilweise verdeckt, man sieht nur den Gipfel, der sich aus diesem Blickwinkel als steile Pyramide aufbaut. Und natürlich hat man einen weiten Blick hinunter ins Oberstdorfer Land.
Wir steigen zum Sattel ab und gehen auf gutem deutlichem Steig in einer halben Stunde hinüber zum Hahnenkopf und auf dem Südrücken zum Gipfel.
Auf dem Aufstiegsweg steigen wir nach Gerstruben ab. Von hier bietet sich als hübsche Variante der Rückweg durch den Hölltobel, der beschildert etwas unterhalb von Gerstruben von der Straße nach links abzweigt und landschaftlich interessant den steilen Tobel des Dietersbaches hinunterführt. Von vorgebauten Kanzeln bieten sich schöne Einblicke in die enge, tief eingeschnittene Klamm. – Auf dem Fahrweg wandern wir zum Parkplatz zurück.

Über Kegelkopf, Kreuzeck und Rauheck

Eine andere sehr reizvolle Bergfahrt im Bereich der Höfats ist die Besteigung des Kegelkopfs, der von der Höfats durch das Dietersbachtal getrennt ist. Konditionsstarke und Bergerfahrene können diese Besteigung zu einer strammen Rundtour ausdehnen, die einmalig schöne Ausblicke nicht nur auf die Höfats gewährt, indem sie im Anschluß an den Kegelkopf auch noch Kreuzeck und Rauheck überschreiten. Diese Tour, auch die Besteigung nur des Kegelkopfes, ist ganz besonders instruktiv im Hinblick auf die Höfatsbesteigung, weil sie Gelegenheit bietet, den Aufbau der Höfats und die Auf- und Abstiegsroute zu studieren und eindrucksvolle Aufnahmen von diesem formschönen Berg zu machen, der während der Tour ständig sein Gesicht ändert.

Höfats und Rauheck vom Kegelkopf. Über dem dazwischenliegenden Älpelesattel von link

Großer und Kleiner Wilder, Höllhörner, Jochspitze

Ausgangspunkt ist wieder der Parkplatz Freibergsee. Wir können den Kegelkopf zwar auch über Gerstruben angehen, wollen jedoch diesmal eine andere Route wählen. Wir gehen wieder Richtung Gerstruben, folgen aber kurz hinter der Trettachbrücke dem Weg nach Spielmannsau. Wir passieren die wenigen Häuser von Gottenried und erreichen bald darauf den nach links abzweigenden Rautweg, der durch Hochwald zur Rautalp führt. Sobald wir auf die Alpfläche hinaustreten, erblicken wir einen Hochstand, den wir ansteuern. Etwa 40 Meter rechts davon beginnt ein breiter Weg, von dem nach fünf Minuten an einem auffälligen großen Stein (an einem Baum blasse Buchstaben K. K.) Pfadspuren nach rechts abzweigen. Sie gehen gleich darauf in einen deutlicheren Steig über, der in vielen kurzen Kehren den unten bewaldeten, weiter oben freien Hang emporzieht. Umgestürzte Bäume und herausgerissenes Buschwerk zwingen an einigen Stellen zu Umgehungen. Der Steig fördert rasch in die Höhe. Wir erreichen das in der Nordflanke des Kegelkopfs eingelagerte flache Kar „Im Gündle", an dessen rechtem Rand der Steig weiterführt. Von hier bietet sich ein hübscher Blick auf die Höfats, die in eindrucksvoller Steilheit aus dem Dietersbachtal emporschießt. Ein Vorgipfel des Kegelkopfs wird sichtbar. Unser Steig quert nun unvermittelt und fast horizontal in die steile Westflanke hinein, bis er nach etwa 300 Metern, am Schluß kaum erkennbar und von Bergerlengestrüpp bedrängt, den wenig geneigten Westrücken erreicht. Ein neues Panorama tut sich auf: Jenseits, über dem Trettachtal, die Gipfel des Himmelschrofenzuges, der im Südwesten in die markante Trettachspitze und Mädelegabel übergeht. – Weglos steigen wir nach links den Rücken zur Kammhöhe hinauf, und auf dem firstartigen Kamm geht es über mehrere Köpfe hinweg auf den höchsten Punkt, den Ostgipfel.
Schöner und kürzer ist es, statt der Querung durch die Westflanke unmittelbar auf dem Nordwestrükken aufzusteigen. Einige Meter, bevor der Weg aus dem Gündle in die Westflanke übertritt, führt ein Steiglein mit blasser roter Markierung zur Kammhöhe empor und zum Gipfel. Diese Route ist gleichfalls in der Karte eingezeichnet. Sie ist neuerdings als Normalweg anzusehen.
Da liegt die Höfats nun hautnah vor uns, eine vierzackige Krone auf breitem Unterbau. Wir können mit Muße die Gliederung ihrer steilen Flanken und Grate und die Aufstiegsrouten studieren. Ein Fernglas ist hier besonders lohnend. Wir schauen geradewegs hinein in die „Wanne", das steile, von den Südwestgraten des West- und Ostgipfels eingeschlossene Kar, durch das eine für uns in Betracht kommende Route führt. Von rechts zieht vom Älpelesattel aus der Südsüdostgrat zum Ostgipfel mit beachtlicher Steilheit im oberen Teil. Am schönsten sind die Konturen vormittags ausgeprägt, wenn die Sonne seitlich steht und die Grate und Rippen plastisch hervortreten. Also, wer Aufnahmen machen will: Ein früher Abmarsch lohnt sich! – Rechts über dem Älpelesattel steht wuchtig das Rauheck, das mit dem benachbarten Kreuzeck durch einen nur wenig eingesenkten Kamm verbunden ist. Wer nun die Überschreitung dieser beiden Gipfel anschließen will, muß sich sputen – er hat noch einen langen anstrengenden Weg vor sich. Die anderen können in aller Ruhe das Gipfelpanorama genießen und steigen dann auf dem Aufstiegsweg ab, wobei man das letzte Stück auch über Gerstruben gehen kann.

Die Fortsetzung der Tour über Kreuzeck und Rauheck erfordert eine gute Kondition, denn es sind weitere 825 Höhenmeter zu bewältigen, und man muß vom Kegelkopf bis zum Parkplatz mit 6½ Stunden Gehzeit rechnen, was für den Entschluß zum Weitergehen zu berücksichtigen ist.

Unser erstes Ziel ist der Sattel im Südosten des Kegelkopfs, von dem ein 2,5 Kilometer langer Rücken, der Bettlerrücken, zum Kreuzeck emporzieht. Der Abstieg über den im oberen Teil sehr steilen Südostrücken, den man nur bei trockenem Boden angehen sollte, setzt Trittsicherheit und Schwindelfreiheit voraus. Er ist übrigens leichter als der Aufstieg, weil man von oben besser die günstigsten Trittmöglichkeiten ausmachen kann. Ich habe bei Touren in solchem Gelände immer einen Eis-Leichthammer dabei, der mit seiner scharfen gezahnten Haue eine gute Sicherung im Steilgras bietet. Vom Gipfel steigen wir auf ausgeprägten Tritten zu einem kleinen eisernen Gedenkkreuz ab. Der folgende schrofige Abschwung wird rechts umgangen, dann führen die Tritte gleich wieder zum Grat zurück, der nun bald verflacht, und auf deutlichem Pfad erreichen wir rasch den Sattel. Der ganze Abstieg dauert eine halbe Stunde. Er ist eine gute Vorübung für den Höfatsabstieg durch die Wanne, der allerdings viel länger ist.

Für den Abstieg zum Sattel gibt es noch eine andere Möglichkeit, die aber eine Stunde länger dauert. Man geht auf dem Kegelkopfkamm so weit zurück, bis man nach links über die Südwesthänge ohne Schwierigkeit absteigen kann, und trifft in etwa 1700 Meter Höhe auf einen alten die Hänge horizontal querenden sehr dürftigen Steig, der zum Sattel führt. Auch er verlangt sicheren Tritt, besonders im Bereich einiger zu durchschreitender Runsen. Dieser nicht instand gehaltene Steig ist im Lauf der letzten Jahre immer schlechter geworden, so daß ich von seiner Begehung abrate. Beide Abstiegsvarianten sind in der Karte eingezeichnet. Im Tourenprofil ist nur der Abstieg über den Südostgrat berücksichtigt.

Am Sattel haben wir auch die Möglichkeit, zu der schon vom Kegelkopf sichtbaren Krautersalp abzusteigen und von dort über Traufbergalp und Spielmannsau zum Parkplatz zurückzukehren. Der nicht sehr deutliche Weg zur Krautersalp beginnt einige Meter hinter dem Sattel, führt zunächst leicht steigend zu einem Seitenast des Bettlerrückens und auf ihm zur Alp und ins Traufbachtal. Das letzte Stück am Wiesenrücken oberhalb Traufberg ist stark überwachsen und kaum noch erkennbar. Am besten folgt man kurz dem Steig nach links am Zaun entlang und steigt dann am ins Tal weisenden Querzaun weglos unmittelbar zu den Hütten von Traufberg ab. Von hier geht es durch das tief eingeschnittene Tal nach Spielmannsau und auf gutem Weg zum Parkplatz zurück (Variante 1).

Wenn wir die Tour fortsetzen, steht uns nun der Aufstieg über den aussichtsreichen Bettlerrücken bevor, 700 Höhenmeter. Höfats und Großer Wilder auf der linken, Krottenspitzgrat und Mädelegabelgruppe auf der rechten Seite geben eine prächtige Kulisse ab. Deutliche Steigspuren mit alter roter Markierung führen am linken Rand des hier steil abfallenden, in mehreren Stufen sich aufschwingenden Rückens ohne Schwierigkeiten zum Kreuzeck empor, das einen eindrucksvollen Blick auf den westli-

Aufstieg zur Krautersalp aus dem Traufbachtal. Blick auf die Krottenspitze

chen Teil der Hornbachkette bietet. Markant treten Kreuzkarspitze, Marchspitze direkt gegenüber und Großer Krottenkopf hervor, rechts davon Öfnerspitze und Krottenspitze. Der Übergang zum Rauheck vollzieht sich auf gutem markiertem Steig, beim Abstieg zum Älpelesattel haben wir ständig den Südsüdostgrat der Höfats vor Augen, wir können jeden Aufschwung bis zum Ostgipfel verfolgen, unsere Aufstiegsroute für die nächste Tour. Vom Älpelesattel steigen wir ins Dietersbachtal ab und wandern über Gerstruben zum Ausgangspunkt zurück (Variante 2).
Sehr schön und weniger anstrengend als die vorbeschriebene Tour ist die Überschreitung von Kreuzeck und Rauheck vom Traufbachtal aus unter Ausklammerung des Kegelkopfs, wobei der Aufstieg zum Ansatz des Bettlerrückens auf der als Abstiegsvariante beschriebenen Route erfolgt. Vom Parkplatz Freibergsee wandern wir nach Spielmannsau (1¼ Std.), folgen dort, wo der Weg auf die Straße trifft, dem scharf nach links abzweigenden Steig durch die Traufbachschlucht und steigen an der Traufbergalpe vorbei zur Krautersalp und zum Bettlerrücken auf (3½ Stunden vom Parkplatz), Variante 3.

Auf die Höfats, Ostgipfel
Aufstieg über den Südsüdostgrat, Abstieg durch die „Wanne“

Nachdem wir die Höfats nun aus verschiedenen Blickwinkeln betrachtet haben, reizt es natürlich, sie zu besteigen. Schwindelfreiheit und Trittsicherheit sind dabei unabdingbare Voraussetzung. Diese Bergfahrt soll ja ein Genuß sein und keine Zittertour werden. Wichtig sind feste Bergschuhe mit einwandfreier Profilsohle, wie sie eigentlich bei jeder Bergtour eine Selbstverständlichkeit sein sollten. Zweckmäßig ist ein Pickel zur Sicherung, der bei ganz trockenem Boden zwar entbehrlich ist, bei Wetterumschlag aber wichtig sein kann. Gut sind auch ein Paar Grödeln im Rucksack. Es ist klar, daß wir die Höfats nur bei gutem, trockenem Wetter angehen, das voraussichtlich während der Tour beständig bleibt. Die steilen Flanken der Höfats sind meist schon sehr früh im Jahr schneefrei, so daß die Besteigung über den Südsüdostgrat und durch die „Wanne“ oft schon im April möglich ist.
Vom Parkplatz Freibergsee gehen wir über Gerstruben ins Dietersbachtal hinein, erreichen nach 2 Stunden auf gutem Weg die Dietersbachalp und nach weiteren 1¼ Stunden den Älpelesattel zwischen Höfats und Rauheck. Der Aufstiegsweg hierher führt gleich hinter der Alp zu dem im unteren Teil gegabelten Rücken, benützt zunächst dessen linken Ast, quert bald darauf nach rechts zum Hauptrükken und steigt auf diesem zum Sattel an. Von hier schwingt sich der Südsüdostgrat in mehreren Stufen empor.
Der deutliche Steig führt mäßig steil auf einen grasigen Vorkopf, bleibt zunächst auf der Grathöhe. Das darauffolgende schärfere Gratstück wird etwas ausgesetzt an der linken Flanke umgangen. Der Steig

zieht dann wieder zum Grat hoch, mitunter als ausgetretener Graben, auch als erdige flache Rinne, die man auf Grastritten umgehen kann. Schrofiges festes Gestein erleichtert den Aufstieg, bietet solide Griffe und damit Sicherheit. Im oberen, etwas steileren Teil hält der Steig sich unmittelbar an den Grat, weicht nur einige Male nach rechts aus, kehrt aber immer wieder rasch auf den Grat zurück. Etwa 50 Höhenmeter unter dem Gipfel mündet von links der Steig aus der Wanne ein, den wir uns für den Abstieg vormerken. Von hier sind es nur wenige Minuten zum felsigen Gipfelgrat. Dann stehen wir vor einer scharfen, sehr ausgesetzten Schneide. Das erste Gratstück wird auf einem schmalen Band links von der Schneide genommen. Dann die mäßig schwierige (II) Schlüsselstelle, ein nur wenige Meter langes Gratstück, das man am besten rechts von der Gratschneide bezwingt. Dabei benützt man zuerst tiefer gelegene, auf dem letzten Meter einen höheren Tritt, wobei die Hände an der Gratschneide sicheren Halt finden. Ein Schritt, und wir stehen vor dem letzten Gratstück, das ohne Schwierigkeiten zum Gipfel führt.

Die Aussicht von der Höfats ist sehr umfassend, da der Berg ganz frei steht. Die kühnen Zacken der übrigen Höfatsgipfel wirken von hier allerdings nicht sehr eindrucksvoll, da man die trennenden Scharten aus diesem Blickwinkel nicht sieht. Ihre Überschreitung ist schwierig.

Für den Abstieg wählen wir den Weg durch die Wanne. Er ist kürzer als der weit ausholende Rückweg über Älpelesattel und Dietersbachalp, nicht schwieriger als der Südsüdostgrat, und wir lernen etwas Neues kennen, da der Charakter durchaus unterschiedlich ist. Während der Südsüdostgrat an den steileren Partien griffiges Gestein bot, führt die Wannenroute durch Steilgrasgelände. Zunächst gilt es, wieder das kurze Gratl zu überwinden, in gleicher Weise wie beim Aufstieg. Bald darauf zieht der deutliche Steig nach rechts über steile Grasrippen in die Höfatswanne hinein. Unter uns, mitten in der Wanne, liegt auf einer kleinen Schulter die Biwakschachtel (Höfatshüttchen) der Bergwacht. Sie ist unser erstes Ziel. Wir steigen auf meist guten Tritten vorsichtig und konzentriert, gegebenenfalls mit dem Pickel gesichert, ab. Von der Schulter haben wir einen schönen Blick auf den Allgäuer Hauptkamm und den gegenüberliegenden Kegelkopf. Der weitere Abstieg vollzieht sich auf einem schwach ausgeprägten Rücken inmitten der Wanne, an deren unteren Rand der Steig nach rechts über den Inneren Höfatstobel in den Wald hinüberführt, wo er in vielen Kehren Tiefe gewinnt. Es folgt eine ausholende Querung nach links über eine kurze schrofige Kletterstelle. Nach nochmaliger Überschreitung des Tobels stoßen wir bald auf den breiten Weg im Dietersbachtal und können gemächlich über Gerstruben zum Parkplatz hinauswandern.

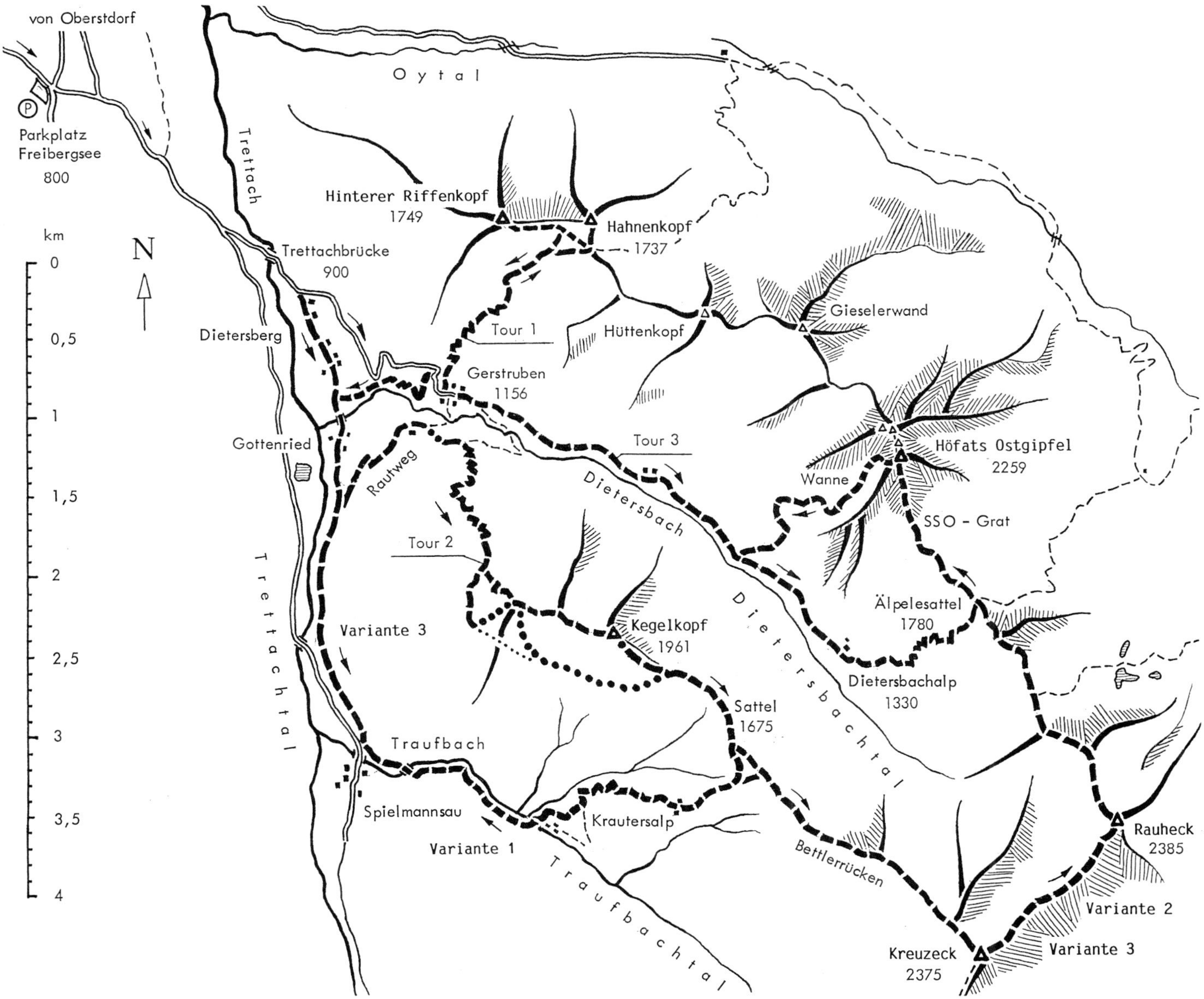

von Oberstdorf
Parkplatz Freibergsee
800
km
0
0,5
1
1,5
2
2,5
3
3,5
4
N
Oytal
Trettach
Hinterer Riffenkopf
1749
Hahnenkopf
1737
Trettachbrücke
900
Dietersberg
Tour 1
Hüttenkopf
Gieselerwand
Gerstruben
1156
Gottenried
Tour 3
Höfats Ostgipfel
2259
Wanne
Rautweg
Dietersbach
SSO - Grat
Tour 2
Trettachtal
Variante 3
Kegelkopf
1961
Älpelesattel
1780
Dietersbachtal
Dietersbachalp
1330
Sattel
1675
Traufbach
Spielmannsau
Krautersalp
Variante 1
Traufbachtal
Bettlerrücken
Rauheck
2385
Variante 2
Kreuzeck
2375
Variante 3

Tourendaten

Ausgangsort: Parkplatz Freibergsee (südl. Oberstdorf) – 800 m
Geeignete Zeit: (Mai) Juni bis Oktober (November)

Tour 1

Gipfel: Hinterer Riffenkopf 1749 m – Hahnenkopf 1737 m
Steighöhe und
Gehzeit: 1000 m – 5 bis 5½ Stunden
Charakter: Leichte Bergwanderung

Tourenprofile mit Gehzeiten (Stunden)

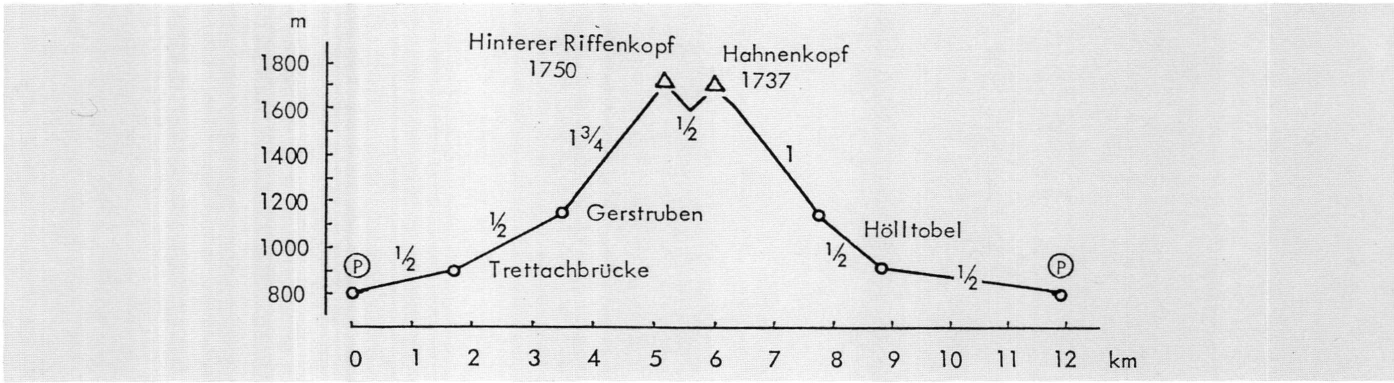

Tour 2

Gipfel: Kegelkopf 1961 m – Kreuzeck 2375 m – Rauheck 2385 m
Steighöhen und
Gehzeiten: Kegelkopf: Abstieg wie Aufstieg: 1160 m – 6 bis 6½ Stunden
Variante 1: 1160 m – 6½ bis 7 Stunden
Variante 2: 1960 m – 10 bis 11 Stunden
Variante 3: 1700 m – 9 bis 9½ Stunden
Charakter: Kegelkopf leicht bei Abstieg wie Aufstieg. Interessanter Blick auf die Höfats.
Variante 1: Für Abstieg vom Kegelkopf zum Sattel vor dem Bettlerrücken Trittsicherheit erforderlich. Lohnender Abstieg durch die Traufbachschlucht.
Variante 2: Überschreitung von Kreuzeck und Rauheck reizvoll und aussichtsreich, aber große Ausdauer erforderlich.
Variante 3: Bei guten Verhältnissen leicht, Ausdauer erforderlich.

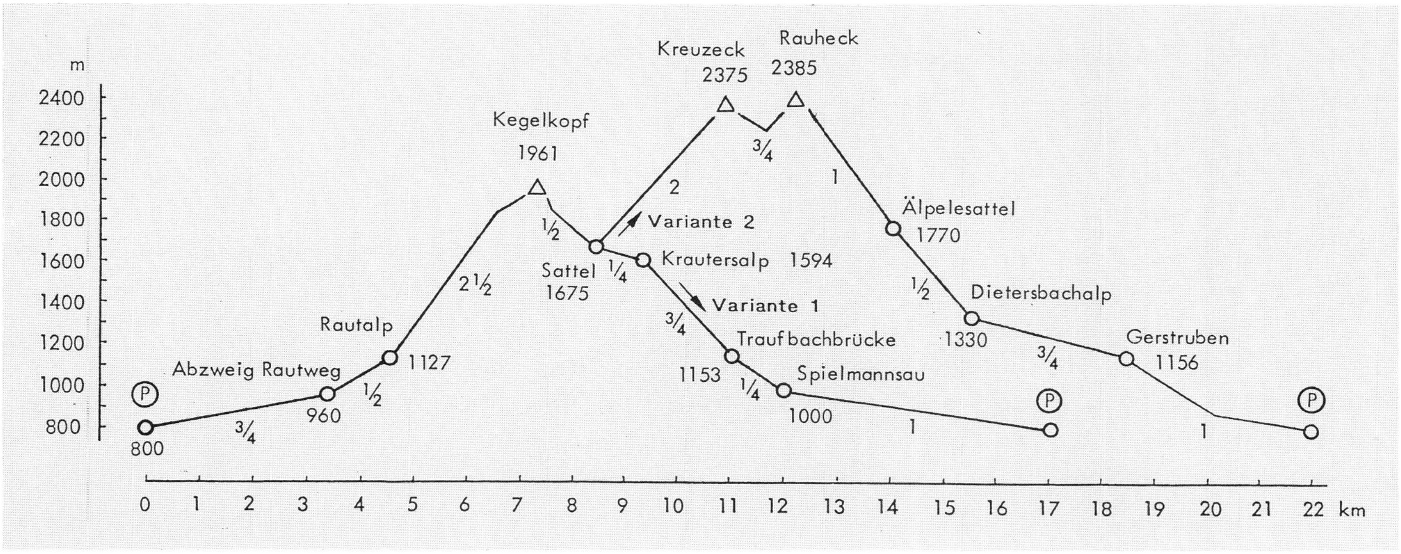

Tour 3

Gipfel: Höfats Ostgipfel 2259 m

Steighöhe und Gehzeit: 1460 m – 8 bis 9 Stunden

Charakter: Übung im Steilgras, Schwindelfreiheit und etwas Kletterfertigkeit erforderlich. Nur bei trockenem Boden. – Pickel und Grödeln (Steigeisen) mitnehmen.

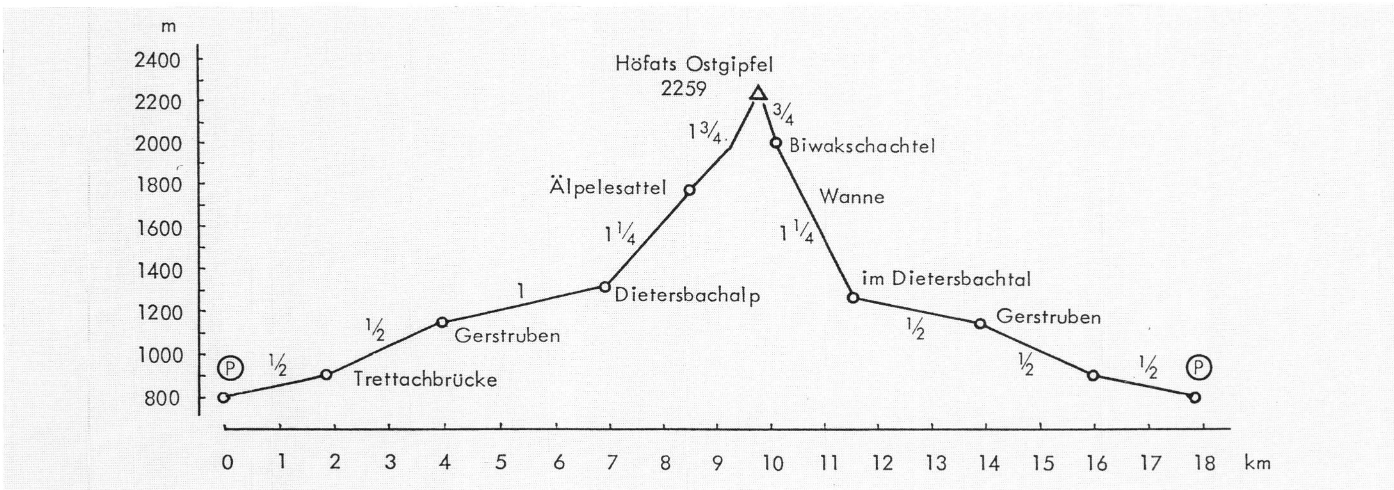

⑤

Im Nebelhorngebiet

Die Seealptalumrahmung

Eine interessante Bergfahrt von hohem landschaftlichen Reiz im Gebiet von Oberstdorf, die bei genügender Ausdauer die Überschreitung von acht Gipfeln an einem Tag bietet, ist die Kammwanderung über die Seealptalumrahmung. Einzelne Abschnitte erfordern ein gewisses Maß an Trittsicherheit und Schwindelfreiheit, stellenweise auch etwas Übung im weglosen Gehen, die Tour belohnt aber durch einmalig schöne Ausblicke auf den Allgäuer Hauptkamm vom Hochvogel bis zum Biberkopf und durch prächtige Nahblicke auf die Berge des Oberstdorfer Gebiets.

Die Route führt in weitem Bogen über drei Bergkämme, die das Seealptal hufeisenförmig umschließen, und überschreitet Geisalphorn, Geißfuß, Gundkopf, Nebelhorn, Zeiger, Hüttenkopf, Seeköpfl und Schattenberg. Sie läßt sich durch mehrere Abstiegsmöglichkeiten variieren und daher auch in Teilabschnitten begehen oder vorzeitig abbrechen, je nach Lust, Kondition und Wetterlage. Eine so großzügige Überschreitung ohne technische Schwierigkeiten wird man sonst wohl kaum finden.

Den Wagen stellen wir auf dem geräumigen gebührenfreien Parkplatz am Fuß der Oberstdorfer Skisprungschanzen ab. Lassen Sie sich nicht auf einen der Parkplätze der Nebelhornbahn lotsen: Sie müssen zahlen und haben obendrein ein Stück mehr zu laufen. Vom Parkplatz wandern wir auf der zur Vorderen Seealpe führenden Straße einige Minuten talein, folgen dann dem Schild „Faltenbachtobel" und steigen wenig später auf dem gut ausgebauten und gesicherten Weg, hautnah an tosenden Wasserfällen vorbei, durch die tief eingeschnittene Schlucht des Faltenbachs. Eine großartige Szenerie, der auch die künstlichen Verbauungen keinen Abbruch tun; ein stimmungsvoller Auftakt für unsere Tour. Nach etwa 10 Minuten wechselt der Weg über eine Brücke hinüber zur anderen Seite des Baches; wir folgen also nicht dem vor der Brücke nach links abzweigenden Weg, der aus dem Faltenbachtobel heraus auf die Fahrstraße führt. Unser Weg bleibt nun einige Zeit rechts vom Bach, später quert er über einen Steg erneut auf die linke Seite, windet sich aus der Schlucht heraus und mündet in die von links kommende Straße. Jenseits der Straße folgen wir dem breiten Weg und erreichen kurz darauf den weiten Boden der Vorderen Seealpe mit der Mittelstation der Nebelhornseilbahn.

Wo der Wald sich öffnet, zweigt nach links ein schmaler Pfad Richtung Rubihorn ab, der auf den ersten 300 Metern durch den Auslaufbereich einer mächtigen, im Februar 1988 vom Geisalphorn niedergegangenen Lawine führt. Er zieht über sanft ansteigende Matten, später durch Wald an einer knorrigen uralten Fichte vorbei, dann in vielen Kehren in einer breiten Latschengasse, zuletzt steiler und schrofig zum Niedereck empor, der aussichtsreichen Einsenkung zwischen Rubihorn und Geisalphorn, etwa 2½ Stunden von Oberstdorf. Von hier haben wir, wie schon beim Aufstieg, einen herrlichen Blick auf den Oberstdorfer Talkessel.

Aufstieg zum Niedereck, Rückblick auf Himmelschrofen und Schafalpen

Unser erstes Gipfelziel ist nun das Geisalphorn, dessen nahes Gipfelkreuz einladend herabgrüßt. Wem die Gratwanderung übers Nebelhorn zu viel ist, der kann vom Niedereck aus nach links in 20 Minuten das aussichtsreiche Rubihorn besteigen. Wer dagegen die große Rundtour durchführen möchte, sollte aufs Rubihorn verzichten, um nicht später in Zeitdruck zu kommen. Wir müssen dafür vom Niedereck aus mit immerhin etwa 7 Stunden Gehzeit rechnen, wenn wir alle 8 Gipfel überschreiten wollen, und die Aussicht von den Gipfeln wollen wir schließlich auch noch genießen.

Vom Niedereck wenden wir uns den nach rechts abzweigenden Pfadspuren zu, die mitunter hart an linksseitigen Abbrüchen vorbeiführen. Trittsicherheit und ausreichende Schwindelfreiheit sind hier unerläßlich. Der Anstieg vom Niedereck zum Geisalphorn war früher mäßig schwierig, seit Jahren ist

aber die Steilstufe unterm Gipfel durch Drahtseil und Leiter entschärft und bietet daher technisch keine Schwierigkeiten. Nach 20 Minuten ist der Gipfel erreicht, und wir haben nun erstmals den Routenverlauf unserer ganzen Rundtour vor uns: Die begrünte Kuppe des Geißfuß'; dann den nach links zum steilaufragenden Gundkopf emporziehenden, mit einem felsigen Kopf besetzten Schrofenrücken, der leichter ist als er aussieht; rechts vom Gundkopf das durch Sesselbahnstation, Restaurant und Plattformen verschandelte Nebelhorn – der einzige Schwachpunkt unserer Tour, zumindest für den, der die Ursprünglichkeit der Berge liebt – und jenseits des Seealptals den langen schrofigen, teils latschenbewachsenen, vom Zeiger über Hüttenkopf, Seeköpfl und Schattenberg nach Oberstdorf zurückführenden Kamm. Das Gipfelbuch zeigt, daß die Überschreitung zum Nebelhorn öfters ausgeführt wird, doch ist diese Route keinesfalls überlaufen. Die gesamte Rundtour wird sehr selten gemacht.
Vom Geisalphorn führt ein schmaler Pfad in kurzen Kehren über den im oberen Teil ziemlich steilen Hang nach Osten hinab. Folgen Sie keinesfalls den nach Süden weisenden Trittspuren. Sie leiten in steiles, heikles Schrofengelände (Warnschild). Auf gutem Steig erreichen wir an mächtigen Lawinenschutzgittern vorbei nach 30 Minuten den Geißfuß, einen Grasmugel mit prächtiger Aussicht, ideal für eine verdiente Rast.
An dem wenig eingesenkten Sattel hinter dem Geißfuß, in den von links der Weg vom Geisalpsee her einmündet, beginnt ein kurzes schärferes Gratstück, das leichte Kletterei erfordert. Danach führt der Weg steil, mitunter etwas luftig, aber immer deutlich über einen felsigen Vorkopf zum Gundkopf, 2160 m (die Höhenangaben mancher Karten sind falsch). Wenn Sie sich das nicht zutrauen, können Sie das Gratstück und den Gundkopf auf dem nach rechts abzweigenden Weg umgehen und später an der Weggabel links zum Nebelhorn aufsteigen oder direkt zum Edmund-Probst-Haus an der Bergstation der Nebelhornbahn hinüberqueren und von dort durch das Seealptal nach Oberstdorf absteigen.
Der Aufstieg vom Sattel zum Gundkopf (1 Stunde) ist reizvoll, das kurze Gratstück bietet gute Griffe und Tritte, das letzte Stück zum Gipfel auf deutlichem Steig ist leicht. Vom Gundkopf führen Pfadspuren in die Einschartung östlich des Gipfels, und auf dem mäßig ansteigenden Weg erreichen wir in 20 Minuten das Nebelhorn. Den Rummel hier müssen wir in Kauf nehmen. Immerhin ermöglicht uns das unmittelbar unter dem Gipfel liegende, 1991 umgebaute Restaurant eine warme Mahlzeit. Den Hochbetrieb an schönen Tagen, der durch den Bau der neuen Gipfel-Kabinenseilbahn noch verstärkt ist, und die Drachenflieger mit ihren Geräten haben wir bald hinter uns, wenn wir nun abwärts an der Mittelstation der Sesselbahn vorbei den gebuckelten Kamm ansteuern, der das Seealptal nach Osten abschließt und die Verbindung zwischen Westlichem Wengenkopf und Zeiger herstellt. Man kann auch vom Nebelhorn auf dem Weg mit dem Hinweisschild „Zum Klettersteig" in den Sattel vor dem Westlichen Wengenkopf absteigen – hier beginnt der von der Alpenvereinssektion Hindelang erbaute, 1978 fertiggestellte Klettersteig zum Großen Daumen – und von hier aus den besagten Kamm angehen. Ein schmaler Pfad führt über mehrere kleine Erhebungen hinweg zum Zeiger, einem sanften begrasten

Buckel, wenig markant, aber ein wichtiger Geländepunkt: Von hier strahlt nach Süden der über die Seeköpfe zum Laufbacher Eck ziehende Kamm und nach Südwesten der teils grasige, teils schrofige und mit Latschen bedeckte Grat zum Schattenberg ab, die Fortsetzung unserer Rundtour. Wir haben nun noch drei Gipfel vor uns: die scharfe Grasschneide des Hüttenkopfs, die vom Zeiger aus wenig hervortretende Erhebung des Seeköpfls und den langgestreckten, über mehrere Schrofenköpfe nach Oberstdorf absinkenden Schattenberggrat. Dieser Gratzug fällt steil ins Seealptal ab, weniger steil nach Süden zum hübsch gelegenen Seealpsee und ins Oytal. Die mehrmals notwendige Umgehung der Grathöhe ist deshalb auch nur an den Hängen der Südseite möglich. Einen vernünftigen Abstieg nach Norden ins Seealptal gibt es nicht. Der einstige Weg durch die am Sattel zwischen Hüttenkopf und Seeköpfl mündende Fischerrinne existiert nicht mehr. Der im obersten Teil noch deutliche Steig ist weiter unten vermurt, abgerutscht, von Latschen überwachsen, meist gar nicht mehr erkennbar. Die Rinne läuft unten in unangenehmem Geröll aus. Allenfalls ein Abstieg für sehr bergerfahrene abenteuerliche Gemüter. Es gibt auf dem Zeiger also nur zwei Alternativen: Entweder den die Rundtour vollendenden, landschaftlich sehr reizvollen Gang über den Schattenberggrat, wobei man bis zum Parkplatz mit 4 Stunden Gehzeit rechnen muß, oder der direkte Abstieg auf dem guten Weg durch Seealptal und Faltenbachtobel bzw. Fahrweg, der etwa 2 Stunden beansprucht.

Sind noch genügend Zeit- und Kraftreserven vorhanden, so sollten Sie über den Grat gehen. Wir steigen den mäßig geneigten Rücken zum Sattel ab, wo der Weg zum Laufbacher Eck kreuzt, und erreichen auf schmalem, etwas luftigem Steig nach 15 Minuten den Hüttenkopf. Von hier hat man einen schönen Blick auf den Seealpsee und die Höfats.

Trittspuren führen in den nächsten Sattel hinab. Das folgende schrofige Gratstück ist wegen der sperrigen Latschen nicht gangbar. Wir umgehen es links unterhalb der Grathöhe und gelangen in den Sattel vor dem Seeköpfl (hier zweigt nach rechts die Fischerrinne ab). Durch breite Latschengassen mit Trittspuren ist der Gipfel des Seeköpfls nun von links her bald erreicht.

Wir haben jetzt noch den langen, großenteils latschenbedeckten Schattenberggrat vor uns. Hier bedarf es einiger Findigkeit, um jeweils die günstigsten Durchschlupfmöglichkeiten auszunutzen. Pfadspuren finden sich immer, sie laufen meist ein Stück links unterhalb der Grathöhe, kehren aber auch oft zum Grat zurück. Vom höchsten Punkt des Schattenbergs an, etwa eine Stunde vom Seeköpfl, wird der Pfad deutlicher, wir erreichen nach weiteren 45 Minuten das Schattenbergkreuz mit Buch, von wo sich ein hübscher Blick hinab nach Oberstdorf bietet. Nur bis zu dieser Stelle im Westabfall des Schattenbergs wird üblicherweise von Oberstdorf aufgestiegen. Ein ausgeprägter Steig führt zunächst am Rücken, später im Wald in einer weit nach Süden ausholenden Kehre in 1¼ Stunden nach Oberstdorf zurück. Er biegt oberhalb des Gasthauses Kühberg nach links zur Straße ab. Wir behalten jedoch unsere Marschrichtung bei, gehen auf die hochaufragenden Anlauframpen der Sprungschanzen zu und steigen im Schanzenbereich auf Treppen und Wegen zum Parkplatz ab.

Gundkopf und Nebelhorn vom Geisalphorn. Links der Große Daumen

Über das Rubihorn

Die lange, landschaftlich großartige Grattour über Nebelhorn und Schattenbergkamm ist recht anstrengend und erfordert streckenweise einige Übung. Wer es bequemer haben will, dem bietet sich am Niedereck die schon erwähnte Besteigung des Rubihorns an. Sehr schön ist der Abstieg von dort auf gutem Steig durchs Geisbachtal (beschilderte Abzweigung am Weg zwischen Niedereck und Rubihorngipfel), am unteren Geisalpsee und an der bewirtschafteten Gaisalpe vorbei und auf dem aussichtsreichen Wallraffweg zurück nach Oberstdorf.

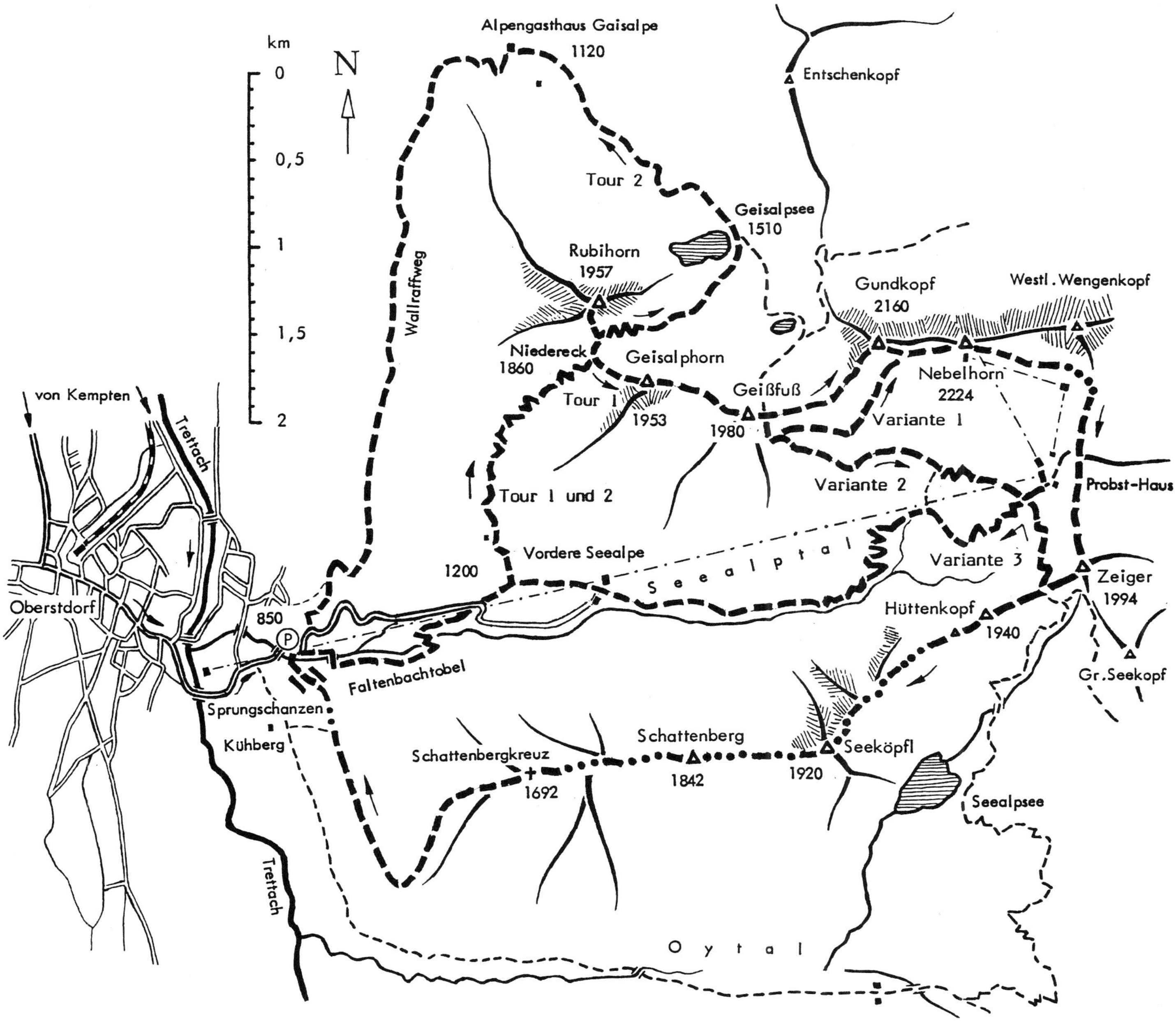
Alpengasthaus Gaisalpe
1120
km
0
0,5
1
1,5
2
N
Entschenkopf
Tour 2
Geisalpsee
1510
Rubihorn
1957
Wallraffweg
Gundkopf
2160
Westl. Wengenkopf
Niedereck
1860
Geisalphorn
Tour 1
1953
Geißfuß
1980
Nebelhorn
2224
Variante 1
von Kempten
Trettach
Tour 1 und 2
Variante 2
Probst-Haus
Vordere Seealpe
1200
Seealptal
Variante 3
Zeiger
1994
Oberstdorf
850
P
Hüttenkopf
1940
Faltenbachtobel
Gr. Seekopf
Sprungschanzen
Kühberg
Schattenberg
Schattenbergkreuz
1692
1842
1920
Seeköpfl
Seealpsee
Trettach
Oytal

Auf dem Südwestgrat des Gundkopfs. Im Hintergrund der Allgäuer Hauptkamm

Tourendaten

Ausgangsort:	Oberstdorf, Parkplatz an den Skisprungschanzen – 850 m
Geeignete Zeit:	(Mai) Juni bis Oktober

Tour 1

Gipfel:	Geisalphorn 1953 m – Geißfuß 1980 m – Gundkopf 2160 m – Nebelhorn 2224 m – Zeiger 1994 m – Hüttenkopf 1940 m – Seeköpfl 1920 m – Schattenberg 1842 m	
Steighöhen und Gehzeiten	Gesamte Seealptalumrahmung	1670 m – 9 bis 9½ Stunden
	Variante 1	1680 m – 9 bis 9½ Stunden
	Variante 2	1160 m – 5½ bis 6 Stunden
	Variante 3	1520 m – 7 bis 7½ Stunden
Charakter:	Eine landschaftlich großartige und aussichtsreiche, technisch leichte Grattour über 8 Gipfel, die Trittsicherheit, Schwindelfreiheit und Ausdauer erfordert, für den Schattenberggrat auch etwas Erfahrung im Latschengelände. Die Abstiegsvarianten geben die Möglichkeit, die Tour in Teilabschnitten zu gehen oder abzubrechen.	

Tourenprofil mit Gehzeiten (Stunden)

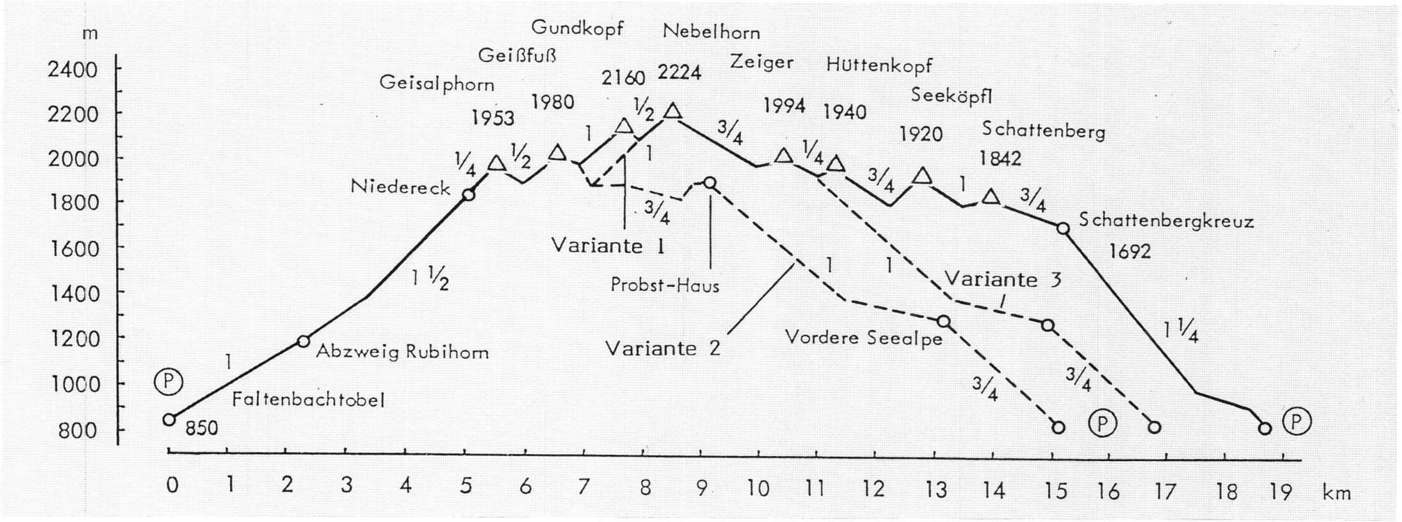

Tour 2

Gipfel:	Rubihorn 1957 m
Steighöhe und Gehzeit:	1100 m – 5½ bis 6 Stunden
Charakter:	Leicht. Ein lohnender Gipfel mit schöner Aussicht.

Tourenprofil mit Gehzeiten (Stunden)

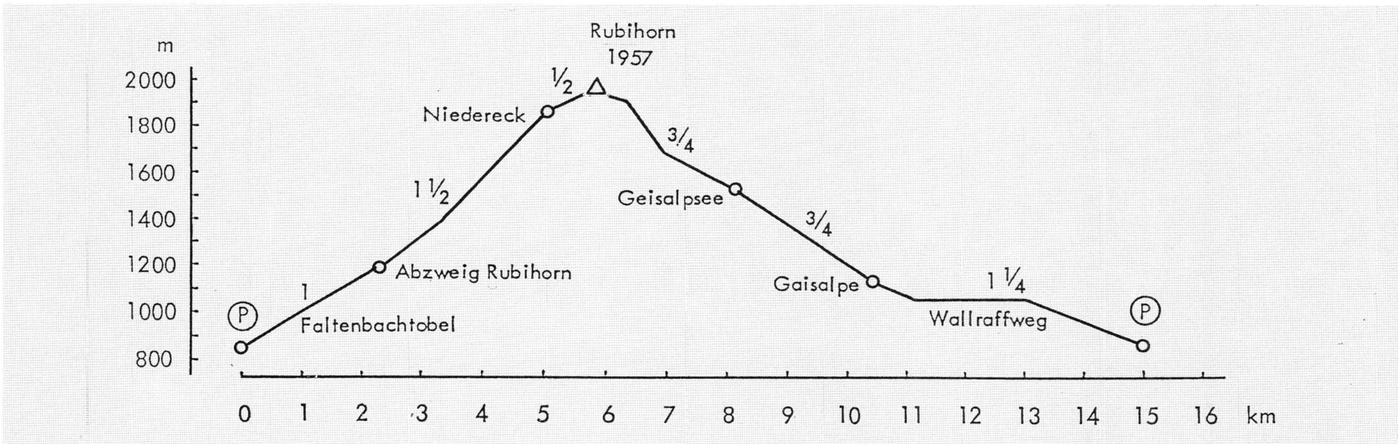

⑥

Zwischen Allgäuer Hauptkamm und Hornbachkette

Über den Kanzberg zur Jochspitze

Ausgangspunkt für diese schöne Grattour ist Hinterhornbach in einem Seitental des Lechs. Hinterhornbach, eine kleine idyllisch gelegene Bergsiedlung im tief eingeschnittenen Hornbachtal, kennt man vor allem als Zugang für die Besteigung des Hochvogel über den „Bäumenheimer Weg" oder auch der auf der Südseite des Tals gelegenen Urbeleskarspitze. Ich möchte Ihnen mal etwas ganz anderes vorschlagen, eine Gratwanderung von großer landschaftlicher Schönheit, die prächtige Ausblicke auf diesen besonders hochalpinen und interessanten Teil der Allgäuer Alpen bietet: die Begehung des zwischen Allgäuer Hauptkamm und Hornbachkette eingebetteten Kammes, der von der Jochspitze nach Osten ausstrahlt und über Karlespitze und Kanzberg nach Hinterhornbach absinkt. Diese Tour, technisch ohne Schwierigkeiten, aber stellenweise Trittsicherheit fordernd, gestattet eindrucksvolle Aufnahmen vor allem vom Hochvogel und von den bizarren Felsgipfeln im Bereich des Hornbachjochs, den Höllhörnern und dem Kleinen Wilden.
Die Parkmöglichkeiten in Hinterhornbach sind etwas beschränkt. Ein kleiner Parkplatz befindet sich am Ortsende unmittelbar vor der Gufelbrücke über den Jochbach (am günstigsten), sonst auch jenseits der Brücke etwas oberhalb oder bei den Höfen vorher. Die freundlichen Tiroler Bergbauern werden Ihnen die Bitte, den Wagen dort abzustellen, sicher nicht abschlagen. Über die Jochbachbrücke leitet ein anfangs asphaltierter Fahrweg in einer Kehre den Wiesenrücken empor. Er geht oben in einen schmalen Pfad über, der ziemlich eben am linksseitigen Hang des Jochbachtals entlangzieht. Kurz darauf zweigt nach links ein beschilderter, rot markierter steiler Steig zum Kanzberg ab. Er führt zunächst durch Wald, später aussichtsreich an den Nordhängen hoch über dem Jochbachtal, an krummwüchsigen Birken und schönen Alpenrosengruppen vorbei zum langgestreckten Rücken des Kanzbergs, von dessen gebuckeltem Gipfelkamm wir einen ersten Eindruck vom uns erwartenden Gebirgspanorama erhalten. Vor uns im Kamm ragt steil, turmartig, die Karlespitze auf, dahinter erhebt sich der Schrofenkegel der Jochspitze, unser Ziel. Weiter rechts, von der Jochspitze durch das Hornbachjoch getrennt, die beiden Höllhörner, der Kleine und der Große Wilde und der lange über den Vorderen Wilden zum übermächtig aufragenden Hochvogel ziehende Kamm. Links von der Jochspitze der von dieser Seite sich eindrucksvoll darbietende Muttekopf und, jenseits des Tals, die vielfach gegliederte Felsmauer der Hornbachkette, deren Gipfelpanorama wir schon von der Überschreitung Kreuzeck–Rauheck her kennen. Der Kanzberg ist auch für sich allein ein lohnendes Ziel. Die kleine unverschlossene Kanzberghütte dicht am höchsten Punkt bietet im Notfall Unterschlupf.
Je mehr wir uns auf dem breiten Kanzbergkamm der Karlespitze nähern, desto imposanter erheben sich

Höllhörner und Kleiner Wilder vom Kanzberg

rechts vor uns die beiden Höllhörner und der Kleine Wilde. Über dem Hornbachjoch zwischen Jochspitze und südlichem Höllhorn schaut die Höfats heraus, eine eindrucksvolle Szenerie. Der felsige Aufbau der Karlespitze wird auf schmalem Hangweg links (südlich) umgangen. Gleich hinter den Felsen leitet die rote Markierung links ausholend durch schrofiges, gut trittiges Gelände zur flachen Einsattelung, von der die Karlespitze in wenigen Minuten erreicht ist.
Unser nächstes Ziel ist die Jochspitze. Wir steigen den mäßig steilen, teils grasigen, teils schrofigen Rücken empor, treffen bald auf den vom Hornbachjoch kommenden markierten Weg, den wir uns für

Die Höfats von der Jochspitze. Man schaut auf die scharfe Südostkante und das „Rote Loch“

den Abstieg vormerken, und erreichen ohne Schwierigkeit den Gipfel der Jochspitze. Von hier bietet sich vor allem ein interessanter Blick auf die Höfats, die sich von einer ungewohnten Seite zeigt. Wir schauen geradewegs auf die messerscharfe Südostkante des Ostgipfels und das riesige, auf der Ostseite der Höfats gähnende „Rote Loch“.

Hübsch ist der Blick zurück über Karlespitze und Kanzberg hinweg ins Hornbachtal, das links vom Hochvogel, rechts von den schroffen Gipfeln des östlichen Teils der Hornbachkette mit der Urbeleskarspitze flankiert wird. Vor uns, im Südwesten, baut sich das massige Rauheck auf, das Sie vielleicht von der Tour Kegelkopf–Kreuzeck–Rauheck her schon kennen, und links davon der Muttekopf, der mit dem Rauheck durch einen ziemlich scharfen, beiderseits zur Hellscharte absinkenden Grat verbunden ist.

Zur Fortsetzung unserer Tour steigen wir zum Hornbachjoch ab. Dazu gehen wir ein Stück auf dem Ostgrat der Jochspitze zurück, bis links der Weg abzweigt, der am Nordosthang der Jochspitze zum Joch hinunterführt. Hier haben wir das von dieser Seite steil aufstrebende Südliche Höllhorn unmittelbar vor uns. Mitunter können wir Seilschaften beobachten, die über den sehr schwierigen Südgrat (IV) aufsteigen. Aber auch für den Normalverbraucher mit etwas Übung ist das Südliche Höllhorn zugänglich: Ein schmaler Steig führt zunächst horizontal vom Hornbachjoch rechts (ostwärts) unmittelbar am Fuß des Felsaufbaus vorbei zu der von der Scharte zwischen Südlichem und Nördlichem Höllhorn herabkommenden Geröllrinne, in der wir einige Meter, dann rechts davon auf Steigspuren zur Scharte emporsteigen. Hier wenden wir uns nach links der schrofigen und geröllbedeckten Nordflanke des Südlichen Höllhorns zu. Nach der schwierigsten Stelle gleich am Anfang – einer nur etwa 2 m hohen griffarmen Stufe (I+) – erreichen wir auf Trittspuren bald den Gipfel. Zurück zum Joch auf dem Anstiegsweg. Für Auf- und Abstieg kann man mit je einer halben Stunde rechnen.

Vom Hornbachjoch führen zahlreiche Serpentinen hinab auf den grünen Boden des oberen Jochbachtals. Wir passieren die Hütten von Jochbach und wandern durch das schöne tiefeingeschnittene Tal, an den Südhängen des Hochvogel vorbei, nach Hinterhornbach hinaus.

Über Hornbachjoch und Jochspitze zum Muttekopf

Eine andere Möglichkeit, diesen interessanten Teil der Allgäuer Alpen kennenzulernen, ist eine etwas anspruchsvollere Abwandlung der vorbeschriebenen Tour mit Aufstieg zum Hornbachjoch, Überschreitung der Jochspitze und Besteigung des Muttekopfs, wobei der Kanzbergkamm im Abstieg begangen wird. Diese Tour ist länger, erfordert stellenweise Orientierungssinn, Trittsicherheit und Schwindelfreiheit, bietet aber auch noch mehr Abwechslung. Technisch weist auch sie keine Schwierigkeiten auf.

Ausgangspunkt ist wieder Hinterhornbach. Wir gehen auf dem gleichen Weg ins Jochbachtal hinein, zweigen aber nicht wie bei der ersten Tour nach links zum Kanzberg ab, sondern verfolgen den Talweg weiter. An der Wegteilung hinter dem Gatter nehmen wir am besten den rechten Weg, der den Jochbach auf einer soliden Brücke überquert und am Bach entlang zu den Jochbachhütten führt. Der linke Weg ist nur bei Niedrigwasser problemlos. Etwa 15 Minuten hinter den Hütten wechselt der Weg nochmals auf die linke Bachseite, folgt dem gewundenen schluchtartigen oberen Teil des Jochbachtals und zieht am Talschluß in vielen Kehren zum aussichtsreichen Hornbachjoch empor (3 Stunden von

Hinterhornbach). Hier besteht die schon bei der ersten Tour genannte Möglichkeit der Besteigung des Südlichen Höllhorns. Wenn es die Zeit erlaubt, sollten Sie sich diese nicht entgehen lassen. Der Steig zum nächsten Ziel, der Jochspitze, zweigt etwa 50 Meter hinter dem Hornbachjoch, zunächst nicht sehr deutlich, nach links ab. Er führt an dem vom Joch aus sichtbaren kleinen Gedenkkreuz vorbei zum Gipfel.

Für den Weiterweg zum Muttekopf gilt es nun, über den Westgrat zum Sattel zwischen Jochspitze und Rauheck abzusteigen. Der Grat sieht ein bißchen wild aus, er ist aber für Geübte leicht. Nach einem kurzen leicht fallenden Gratstück, das am besten direkt überklettert wird, können wir überall auf Trittspuren die Grattürmchen umgehen; auch Grasbänder etwas tiefer links der Gratfelsen sind gangbar. Über einen grasigen Vorkopf und seinen blumenreichen Südwestrücken gelangen wir rasch zum Sattel.

Für den Aufstieg zur Hellscharte benützen wir am besten zunächst den gebuckelten, rechts der Scharte mündenden Rücken, den wir aber vor Erreichen der Kammhöhe verlassen, um in die Scharte hineinzuqueren. Der hier beginnende grasige, sich scharf zusammenschnürende Westgrat des Muttekopfs erfordert Trittsicherheit und Schwindelfreiheit. Der Gipfelaufschwung wird auf Tritten rechts von der Gratkante oder – leichter – nach kurzem Abstieg und Umgehung links der Gratkante gewonnen.

Der Muttekopf ist ein Berg mit prächtiger Aussicht. Höfats, Wildengruppe, Hochvogel und die Gipfel des westlichen Teils der Hornbachkette mit dem großen Krottenkopf als höchstem Allgäuer Berg sind Glanzpunkte.

Die natürliche Fortsetzung der Tour wäre nun der lange Ostrücken des Muttekopfs, der in mehreren Stufen auf kürzestem Weg ins Hornbachtal hinunterzieht. Er sieht vom Gipfel durchaus gangbar aus, ist es aber keineswegs. Eine etwa 20 m hohe, von supersteilen Grashängen flankierte Abbruchstelle 200 Höhenmeter unterhalb des Gipfels bildet ein kaum überwindliches Hindernis. Wir gehen deshalb entweder auf dem Muttekopf-Westgrat zur Hellscharte und von dort zum Sattel unter der Jochspitze zurück, oder wir steigen vom Gipfel über Geröll und Gras unmittelbar dorthin ab. Leicht fallend queren wir nun weglos unter den Südhängen der Jochspitze entlang nach Osten und treffen bald auf eine alte, kaum noch erkennbare Pfadspur, die sich dicht unter dem felsigen Aufbau der Karlespitze gänzlich verliert. Hier steigen wir auf Geröll und Rasentritten etwa 20 Höhenmeter zu den schon erkennbaren roten Markierungspunkten des Weges empor, der bei der ersten Tour als Aufstiegsweg vom Kanzberg zur Karlespitze beschrieben ist, und wenden uns dem breiten Rücken des Kanzbergs zu, immer mit schönem Blick auf den Hochvogel und den östlichen Teil der Hornbachkette. Versäumen Sie vom Kanzberg auch nicht den Rückblick auf die Höllhörner und den Kleinen Wilden, die jetzt am Nachmittag eindrucksvolle Gegenlichtaufnahmen gestatten. Über den welligen Rücken führt der deutliche Pfad an der Kanzberghütte vorbei, dann an den Nordhängen des Kanzbergs nach Hinterhornbach zurück.

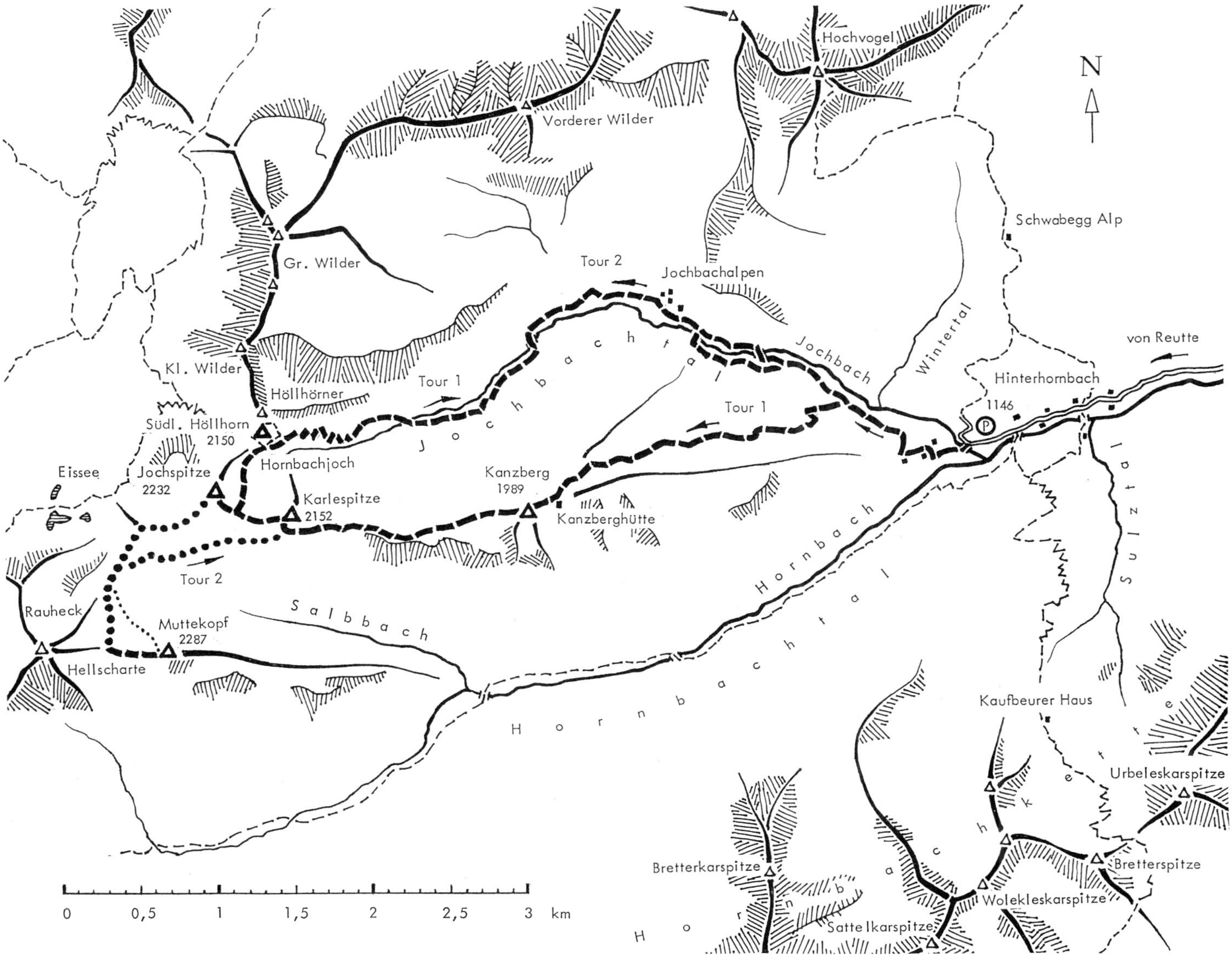
N
Hochvogel
Vorderer Wilder
Schwabegg Alp
Gr. Wilder
Tour 2
Jochbachalpen
Jochbachtal
Jochbach
Wintertal
von Reutte
Kl. Wilder
Höllhörner
Tour 1
Hinterhornbach
1146
Südl. Höllhorn
2150
Hornbachjoch
Eissee
Jochspitze
2232
Kanzberg
1989
Karlespitze
2152
Kanzberghütte
Hornbach
Sulzbach
Rauheck
Muttekopf
2287
Salbbach
Hellscharte
Hornbachtal
Kaufbeurer Haus
Urbeleskarspitze
Hornbachkette
Bretterkarspitze
Bretterspitze
Wolekleskarspitze
Sattelkarspitze
0 0,5 1 1,5 2 2,5 3 km

Die Jochspitze vom westlichen Vorkopf. Links der Hochvogel

Tourendaten

Ausgangsort:	Hinterhornbach (Parken an der Gufelbrücke) – 1146 m
Geeignete Zeit:	(Juni) Juli bis Oktober

Tour 1

Gipfel:	Kanzberg 1989 m – Karlespitze 2152 m – Jochspitze 2232 m – (Südl. Höllhorn 2150 m)
Steighöhen und Gehzeiten:	Ohne Südl. Höllhorn 1080 m – 5½ bis 6 Stunden Mit Südl. Höllhorn 1210 m – 6½ bis 7 Stunden
Charakter:	Schöne Kammwanderung mit herrlichen Ausblicken auf die Umgebung des Hornbachjochs, auf Allgäuer Hauptkamm und Hornbachkette. Der Aufstieg zur Karlespitze erfordert Trittsicherheit im obersten schrofigen Abschnitt, das Südliche Höllhorn etwas Übung in geröllbedeckten Schrofen (unschwierig, I)

Tourenprofil mit Gehzeiten (Stunden)

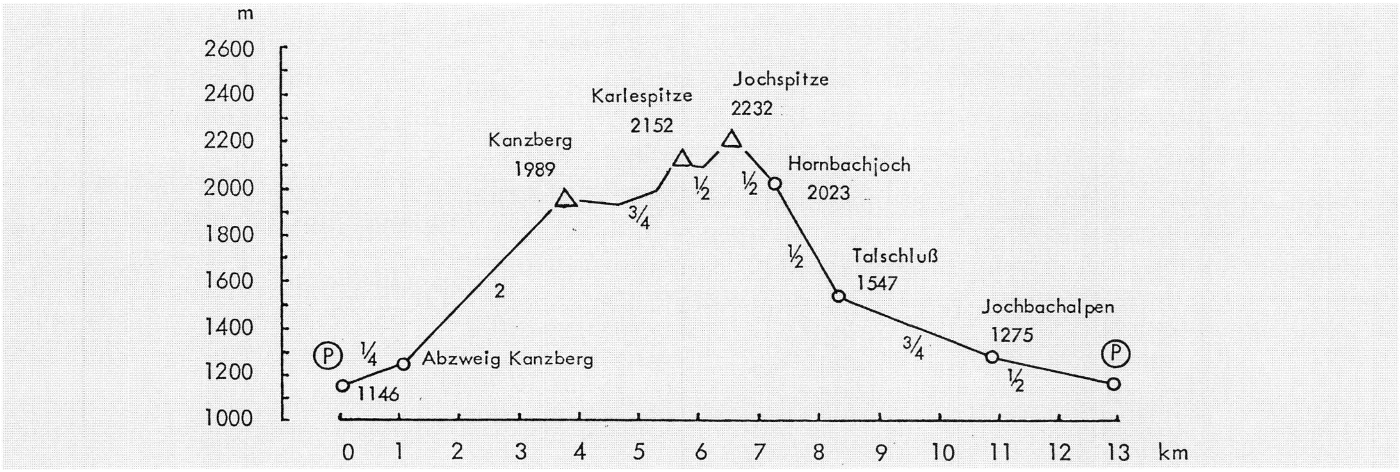

Tour 2

Gipfel: Südl. Höllhorn 2150 m – Jochspitze 2232 m – Muttekopf 2287 m – Kanzberg 1989 m

Steighöhe und Gehzeit: 1300 m – 7½ bis 8 Stunden

Charakter: Ähnlich Tour 1, aber anspruchsvoller. Der weglose Übergang von der Jochspitze zum Muttekopf erfordert Trittsicherheit und Schwindelfreiheit, der Übergang vom Muttekopf zum Kanzberg Orientierungssinn. Landschaftlich hervorragend.

Tourenprofil mit Gehzeiten (Stunden)

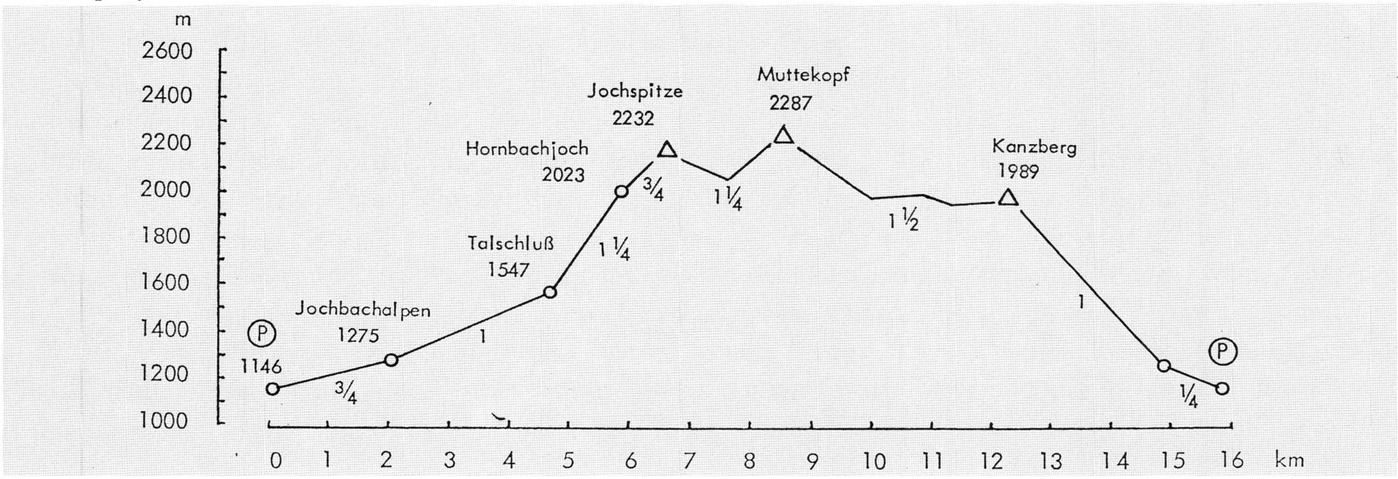

⑦

Zwischen Vilsalpsee und Schrecksee

Auf Gaishorn, Rauhhorn, Kugelhorn und Knappenkopf

Der Allgäuer Hauptkamm mit seinen Verzweigungen bietet eine Vielzahl schöner Bergfahrten, von denen allerdings nur ein Teil aus dem schwäbischen Raum günstig erreichbar ist. Dazu gehören die Berge im Bereich des Vilsalpsees mit Anfahrt über Pfronten–Grän–Tannheim oder auch über Hindelang–Tannheim.

Eine ganz besonders reizvolle Rundtour vom Vilsalpsee aus ist die Überschreitung des nördlichen Teils des sog. Rauhhornzuges mit Rauhhorn, Kugelhorn und Knappenkopf, wobei man in weitem Bogen nach Osten ausholend unter Benützung des Saalfelder Höhenwegs über Landsberger Hütte und Traualpsee zum Ausgangspunkt zurückkehrt. Die Tour ist lang und erfordert Ausdauer, zumal wenn man als Einleitung das Gaishorn besteigt, sie verläuft aber ausnahmslos auf markierten Wegen und ist, mit Ausnahme der Rauhhornüberschreitung, von jedem trittsicheren und vernünftig ausgerüsteten Bergwanderer ohne Schwierigkeit zu begehen. Die Tour bietet herrliche Ausblicke auf die Berge des Hauptkammes mit dem alles überragenden Hochvogel, auf die Berge der Vilsalpseegruppe mit der Leilachspitze, vor allem aber auch schöne Tiefblicke auf Vilsalpsee und Schrecksee.

Ausgangspunkt ist der große Parkplatz am Nordende des Vilsalpsees (Gebühr). Von hier führt ein guter Weg am rechten Ufer des Sees entlang zur Jausenstation Vilsalpe. Gleich hinter der Alpe weist ein Schild „Gaishorn–Rauhhorn–Kugelhorn“ nach rechts auf den markierten Steig, der in zahlreichen Kehren, im mittleren Teil steil durch Erlengebüsch, zum Gaiseckjoch, dem Sattel zwischen Rauhhorn und Gaishorn, emporführt. Nach einer guten Stunde von der Vilsalpe zweigt an einer kleinen Schulter vom Hauptweg nach rechts ein schmaler Wiesensteig ab, der den direkten Aufstieg zum Joch darstellt. Er ist steil und mühsam und bringt kaum Zeitvorteil. Besser ist es, den Weg weiter fortzusetzen. Er holt nach links aus, ist wesentlich bequemer und stößt bald auf den unter dem Felsaufbau des Rauhhorns entlangziehenden Jubiläumsweg, auf dem wir nach rechts zum Joch aufsteigen. Von hier, oder auch schon unterhalb des Jochs abzweigend, erreichen wir in etwa 30 Minuten das aussichtsreiche Gaishorn, den weit nach Osten vorgeschobenen, mit 2249 m höchsten Gipfel des Rauhhornzuges. Wegen seiner leichten Zugänglichkeit ist er an schönen Sommertagen vielbesucht. Abstieg zum Joch auf dem Aufstiegsweg oder auf dem Grat, wo Pfadspuren zunächst auf der Grathöhe, später links unterhalb über Geröll und Schrofen zum Joch hinunterführen.

Für den, der das Gaishorn auf jeden Fall in die Rundtour einbeziehen möchte, gibt es noch einen kürzeren und landschaftlich reizvolleren Aufstieg dorthin. Gleich hinter der Brücke am Vilsalpsee beginnt ein rot markierter Weg, der an der Oberen Roßalpe vorbei zum Nordostrücken emporführt und sich dann auf dem schmalen grasigen Rücken dem Gaishorn-Nordgrat zuwendet, um schließlich in dem zwischen Nord- und Nordwestgrat eingebetteten Kar in vielen Kehren dem Gipfelkamm zuzustreben. Von dort sind es nur noch einige Minuten zum Gipfel.

Unser nächstes Ziel ist das Rauhhorn, mit seinem gezackten Gipfelaufbau, der uns schon beim Aufstieg zum Gaiseckjoch beeindruckt, der formschönste und markanteste Berg dieser Gebirgsgruppe. Die Überschreitung über Nord- und Südgrat verlangt Trittsicherheit und am Gipfelstock ein gewisses Maß an Schwindelfreiheit und Gewandtheit. Die Schlüsselstelle beim Aufstieg von Norden, eine abdrängende Felsstufe am Anfang einer nur wenige Meter hohen Steilrinne, früher mäßig schwierig, ist neuerdings

Der Schrecksee vom Knappenkopf, überragt von Lahnerkopf und Hochvogel

Genüßliche Rast am Kirchdachsattel überm Schrecksee

durch ein bis zur Gipfelkuppe durchlaufendes Seil völlig entschärft. Hat man auf kleinen Tritten an der Stufe mit Hilfe des Drahtseils Stand erreicht, dann sind die nächsten Meter der Rinne und die anschließende Querung auf einem guten Band nach rechts schnell geschafft und man steht Minuten später auf dem Gipfel. Der Abstieg über den Südgrat weist keine Schwierigkeiten auf, erfordert aber vorsichtiges Gehen. Der teils geröllbedeckte Steig führt über kleine schrofige Stufen, überall gut markiert, zum Sattel der Hinteren Schafwanne hinab.

Wenn Sie das Rauhhorn nicht besteigen möchten, bietet sich die Umgehung auf dem Jubiläumsweg an, der unter den Ostabstürzen des Rauhhorns mit nur 110 Meter Gegenanstieg in einer Stunde vom Gaiseckjoch zum Sattel der Hinteren Schafwanne führt, wobei man den oberen Abkürzungsweg an den

Geröllhängen oder den unteren, festeren Weg benützen kann. Der obere Weg bringt keinen Zeitgewinn.

Vor uns liegt nun ein grasiger Kamm, der zwei nach Form und Höhe bescheidene Gipfel trägt: Kugelhorn und Knappenkopf. Im Gegensatz zu Gaishorn und Rauhhorn werden sie verhältnismäßig wenig bestiegen. Den meisten sind sie als Alleinziel zu wenig, nach Besteigung von Gaishorn und Rauhhorn jedoch zu viel. Dabei stellen sie den hübschesten Teil der ganzen Tour dar und bieten eine Aussicht, die ungleich schöner ist als die von ihren höheren Nachbarn. Nur wissen das viele nicht, die auf dem Jubiläumsweg achtlos vorbeigehen. Lassen Sie die nun folgende Überschreitung daher keinesfalls aus. Sie ist auch als alleiniges Gipfelziel durchaus lohnend und jedenfalls schöner als die Umgehung auf dem in mäßigem Zustand befindlichen Jubiläumsweg.

Der Aufstieg vom Sattel der Hinteren Schafwanne zum Kugelhorn ist rot markiert. Man steigt vom Sattel auf dem grasigen Rücken an den Grat heran. Schichtrinnen leiten leicht zu der kleinen Stufe unter dem Gipfel empor, die ohne Schwierigkeit durchstiegen wird. Wenig später sind wir auf dem Gipfel mit seinem eigenartig proportionierten Kreuz, das aussieht, als sei es ein Stück im Boden versunken, strecken uns im Gras aus und erfreuen uns einer herrlichen Aussicht. Besonders schön sind die Tiefblicke auf den Vilsalpsee, über dem die Tannheimer Berge aufragen, und den Schrecksee mit dem Hochvogel im Hintergrund. Diese Szenerie wird noch eindrucksvoller, wenn wir über den blumigen Kamm zum Knappenkopf weitergehen, denn der Schrecksee mit seiner kleinen Insel liegt nun unmittelbar unter uns, der Hochvogel ragt noch gewaltiger auf, und im Süden stehen nah über dem grünen Kirchdach der schroffe Felsaufbau der Kälbelespitze und die rundliche Kuppe des Kastenkopfs. Bei guter Sicht ein faszinierendes Panorama, das sich da um den Schrecksee aufbaut, und prächtige Fotomotive.

Vom Knappenkopf führt der markierte Steig nun über einen Vorkopf, stellenweise schmal am Hang, direkt hinunter zum Kirchdachsattel unmittelbar über dem Schrecksee, der seinem Namen so gar nicht gerecht wird. Eingebettet in begrünte Hänge, die vom Lahnerkopf, Kastenkopf und Knappenkopf herunterziehen, mit dem unwahrscheinlich intensiven Blaugrün seines Wassers und der reizenden kleinen Insel ist er wohl einer der schönsten Seen der Allgäuer Alpen. Wer könnte sich dem Zauber dieses herrlichen Fleckchens Erde entziehen?

Am Kirchdachsattel liegen noch zweieinhalb bis drei Gehstunden vor uns, die allerdings durch die Landsberger Hütte in angenehmer Weise halbiert werden. Vom Kirchdachsattel führt der markierte Weg leicht fallend an den Nordhängen von Kälbelespitze und Kalbleggspitze entlang in einer guten halben Stunde zu einem weiten Sattel, wo wir auf den Saalfelder Höhenweg treffen, der mäßig steigend zum Sattel zwischen Roter Spitze und Steinkarspitze führt. Die Steigmühe liegt nun hinter uns. Wir schauen hinab auf die nahe Landsberger Hütte, die zu einer verdienten Rast einlädt. Am Traualpsee vorbei wandern wir zum Parkplatz am Vilsalpsee zurück.

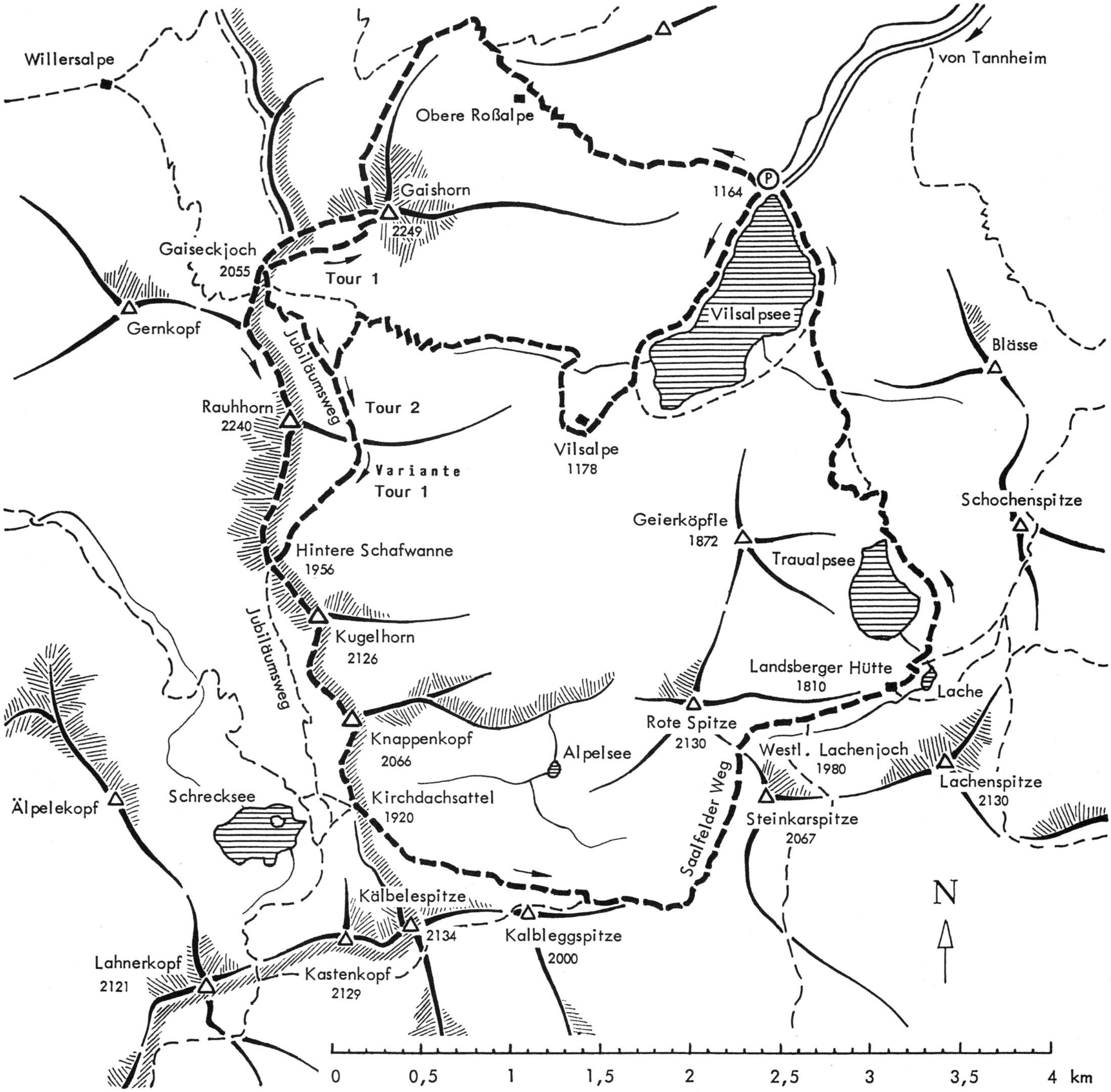
Willersalpe
Obere Roßalpe
von Tannheim
1164
Gaishorn
2249
Gaiseckjoch
2055
Tour 1
Gernkopf
Vilsalpsee
Blässe
Jubiläumsweg
Rauhhorn
2240
Tour 2
Variante
Tour 1
Vilsalpe
1178
Schochenspitze
Geierköpfle
1872
Traualpsee
Hintere Schafwanne
1956
Jubiläumsweg
Kugelhorn
2126
Landsberger Hütte
1810
Lache
Rote Spitze
2130
Knappenkopf
2066
Alpelsee
Westl. Lachenjoch
1980
Lachenspitze
2130
Schrecksee
Kirchdachsattel
1920
Steinkarspitze
2067
Älpelekopf
Saalfelder Weg
N
Kälbelespitze
2134
Kalbleggspitze
2000
Lahnerkopf
2121
Kastenkopf
2129
0
0,5
1
1,5
2
2,5
3
3,5
4 km

Tourendaten
Ausgangsort: Vilsalpsee – 1164 m
Geeignete Zeit: Juni bis Oktober

Tour 1

Gipfel:	Gaishorn 2249 m – Rauhhorn 2240 m – Kugelhorn 2126 m – Knappenkopf 2066 m	
Steighöhen und Gehzeiten:	Gesamttour mit Gaishorn	1630 m – 8½ bis 9 Stunden
	Ohne Gaishorn	1430 m – 7½ bis 8 Stunden
	Umgehung des Rauhhorns	1560 m – 8 bis 8½ Stunden
Charakter:	Sehr lohnende Rundtour auf markierten Wegen mit schönem Blick auf den Allgäuer Hauptkamm und eindrucksvollen Tiefblicken, besonders auf den Schrecksee. Leicht mit Ausnahme der Rauhhornüberschreitung, die etwas Schrofenkletterei erfordert (I).	

Tour 2

Gipfel:	Kugelhorn 2126 m – Knappenkopf 2066 m
Steighöhe und Gehzeit:	1150 m – 6 bis 6½ Stunden
Charakter:	Leichte aussichtsreiche Kammwanderung

Tourenprofil mit Gehzeiten (Stunden)

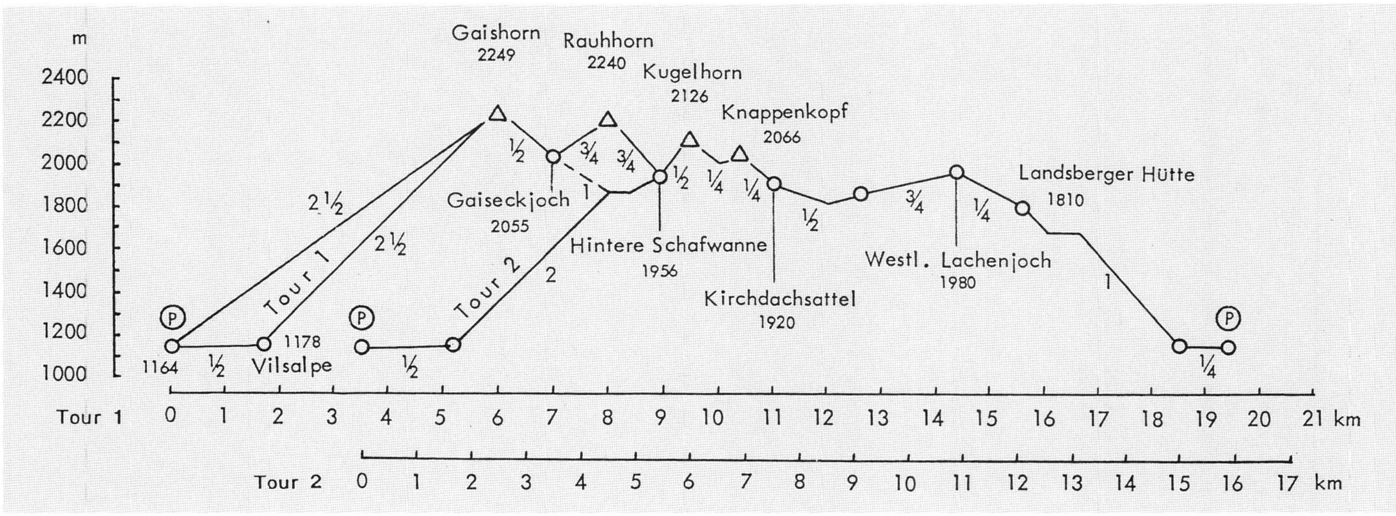

⑧

In der Vilsalpseegruppe

Von der Roten Spitze zur Sulzspitze

Der Vilsalpsee südlich von Tannheim ist der günstigste Ausgangspunkt auch für Bergtouren in der Vilsalpseegruppe, einem Seitenast des Allgäuer Hauptkamms mit der Leilachspitze als höchster Erhebung. Diese kleine landschaftlich reizvolle Berggruppe umfaßt nur 15 Gipfel. Die höheren liegen eng zusammengedrängt im südlichen Teil der Gruppe, sie brechen im allgemeinen in steilen Wänden nach Norden ab, während sie von Süden verhältnismäßig leicht zugänglich sind. Ein gut ausgebautes Wegenetz und die auf einer Steilstufe über dem Traualpsee schön gelegene Landsberger Hütte als Stützpunkt machen die Vilsalpseegruppe zu einem idealen Wandergebiet. Der geologische Aufbau dieser Berge bringt es mit sich, daß Überschreitungen in Ost-West-Richtung und umgekehrt meist ohne Schwierigkeiten möglich sind. Diese lassen sich zu einer hübschen Rundtour kombinieren, bei der man einen wesentlichen Teil der Vilsalpseegruppe kennenlernt. Dabei werden die Rote Spitze, die Steinkarspitze, die Lachenspitze und die Schochenspitze überschritten, und wer Ausdauer, Zeit und Lust hat, kann auf dem Rückweg auch noch die Sulzspitze besteigen.
Vom Parkplatz am Nordende des Vilsalpsees verfolgen wir den breiten Weg am linken Seeufer, von dem nach 10 Minuten der markierte Steig zur Landsberger Hütte abzweigt. Er führt zunächst durch Wald, später an den latschenbewachsenen Nordosthängen des Geierköpfles entlang und schließlich in Kehren zum flachen Becken des Traualpsees empor. Der weitere Aufstieg zu der von hier sichtbaren Hütte ist im Bereich der etwa 80 Meter hohen Steilstufe mit Ketten gesichert. Dennoch ist hier besonders bei Nässe Vorsicht geboten.
Für den Aufstieg zu unserem ersten Gipfel, der Roten Spitze, benutzen wir ein kurzes Stück den Weg zum Westlichen Lachenjoch, verlassen ihn aber dort nach rechts, wo der lange Ostgrat der Roten Spitze sich deutlich ausprägt und steigen nun auf Grastritten und Steigspuren, immer hart an den nordseitigen Abbrüchen, zu einem felsigen Grataufschwung an. Dieser wird links unmittelbar unterhalb der Felsen umgangen. Danach streben wir sobald wie möglich über Geröll und steile Grastritte erneut dem Grat zu, der nun ohne Schwierigkeiten, teils etwas luftig, zum Gipfel führt. Dieser Gratanstieg erfordert etwas Übung im steilen Grasgelände. Leichter ist es und gleichfalls lohnend, dem Weg bis unter das

Steinkarspitze und Rote Spitze mit Lache und Landsberger Hütte vom Östlichen Lachenjoch

Die Lachenspitze über dem Traualpsee

Westliche Lachenjoch zu folgen und erst jetzt auf dem weniger steilen Hang zum Ostgrat aufzusteigen. Auch hier finden sich Trittspuren. Der Abstieg von der Roten Spitze zum Westlichen Lachenjoch auf deutlichem Steig – gleichzeitig leichtester Aufstiegsweg – ist kurz, ebenso der nun folgende Anstieg über den Nordwestgrat zur Steinkarspitze. Das Gratl unmittelbar unterm Gipfel können wir recht hübsch ohne Schwierigkeit überklettern oder auf einem nach rechts abzweigenden Steig umgehen und dann von Südwesten den Gipfel gewinnen.

Unser nächstes Ziel ist die Lachenspitze. Über den Ostrücken der Steinkarspitze steigen wir auf deutlichem Weg immer rechts unterhalb der teilweise felsigen Grathöhe zur Scharte ab und treffen hier auf den von der Landsberger Hütte kommenden Anstiegsweg, der an den Südhängen der Lachenspitze entlang zieht, sich im oberen Teil scharf nach links wendet und hier teilweise vermurt und verzweigt zum Gipfel führt. Die Aussicht von der Lachenspitze ist reizvoll insbesondere durch Nahblicke: hinunter auf Traualpsee und Vilsalpsee und im Osten auf die nahe Leilachspitze und die vorgelagerten turmartigen Luchsköpfe mit ihren senkrechten Wandabbrüchen nach Norden. Nordostwärts erblicken wir unser nächstes Ziel, die Schochenspitze, rechts daneben die Sulzspitze und unter uns, in Richtung der Sulzspitze, den mit einigen Felsköpfen besetzten Nordostgrat der Lachenspitze, an dem wir rechts unterhalb der Grathöhe zum östlichen Lachenjoch absteigen wollen. Diese bisher nur durch schwache Trittspuren gekennzeichnete Abstiegsroute ist jetzt durch ein rot markiertes Steiglein leicht zu finden und zu begehen, doch erfordert der im obersten Teil unmittelbar am Grat geführte geröllbedeckte Steig vorsichtiges und trittsicheres Gehen. Man kann dieses kurze Gratstück umgehen, indem man auf Trittspuren etwa 10 Höhenmeter zu dem kleinen Sattel im Südostgrat absteigt, sich dort nach links wendet und einer schmalen Geröllrinne bis zum begrünten nach rechts abfallenden Rücken folgt, wo man auf den markierten Steig trifft. Er führt ohne Schwierigkeit zum Östlichen Lachenjoch. Von dem anschließenden zur Schochenspitze hinüberziehenden latschenbewachsenen Rücken haben wir einen hübschen Blick nach Südwesten auf die Landsberger Hütte mit der am Fuß der schroffen Lachenspitz-

nordwand eingebetteten Lache und die Rote Spitze mit ihrer begrünten Südflanke und den steilen Abbrüchen auf der Nordseite, während im Südosten die Leilachspitze mit dem Östlichen und Westlichen Luchskopf eine eindrucksvolle Szenerie bildet. Die Besteigung dieser drei Gipfel läßt sich gleichfalls in einer abwechslungsreichen Tagestour vom Vilsalpsee aus durchführen.
Der Aufstieg zur Schochenspitze ist leicht. Sie ist der von der Landsberger Hütte am häufigsten bestiegene Berg. Wir folgen am Gipfelaufbau nicht dem Hauptweg, der an der Südflanke zum Ostrükken quert, sondern benützen ein zum Südwestrücken emporziehendes Steiglein, das rasch zum Gipfel führt.
Wir steigen nun auf bezeichnetem Weg zur Gappenfeldscharte zwischen Blässe und Sulzspitze ab. An der Gappenfeldalp vorbei wandern wir, mehrmals Bäche überquerend, talaus, überschreiten nach Abstieg über einen bewaldeten Hang auf Blöcken einen breiten Bach und folgen dem dahinter beginnenden Fahrweg. An einer scharfen Rechtswendung schon fast auf dem Talboden behalten wir unsere Marschrichtung bei und stoßen gleich am Waldrand auf einen rot markierten Pfad, der zum Vilsalpsee zurückleitet.
Hübsch ist von der Gappenfeldscharte aus die Besteigung der Sulzspitze über den Südwestgrat, der allerdings etwas Klettergewandtheit erfordert. Für Geübte ist er unschwierig, die gute Stunde Zeitaufwand lohnt. Wir steigen von der Scharte auf dem zunächst breiten Südwestrücken zu einem Felskopf auf, der rechts umgangen wird, und erreichen so den nun schmalen, zum Ansatz des felsigen Grates emporziehenden Rücken. Dem Felsaufschwung wird nach rechts auf deutlichen Tritten in Gras und Schrofen ausgewichen. Oberhalb des Aufschwungs führen Trittspuren unmittelbar auf der Grathöhe ohne Schwierigkeit zum Gipfel. Der etwa 10 Meter hohe Aufschwung am Gratbeginn kann auch direkt (II) erklettert werden: In einer schmalen Rinne einige Meter nach links aufwärts, dann in kleingriffigem Fels kurz nach rechts und in einem sehr engen Spalt (nur für Schlanke!) vollends zu Grathöhe. Die Umgehung des Spalts rechts ist schwieriger. – Auf bequemem Weg steigen wir etwas nach Osten ausholend zur Gappenfeldscharte ab. Dies ist auch die leichteste Aufstiegsmöglichkeit.

Leilachspitze und Luchsköpfe von der Schochenspitze

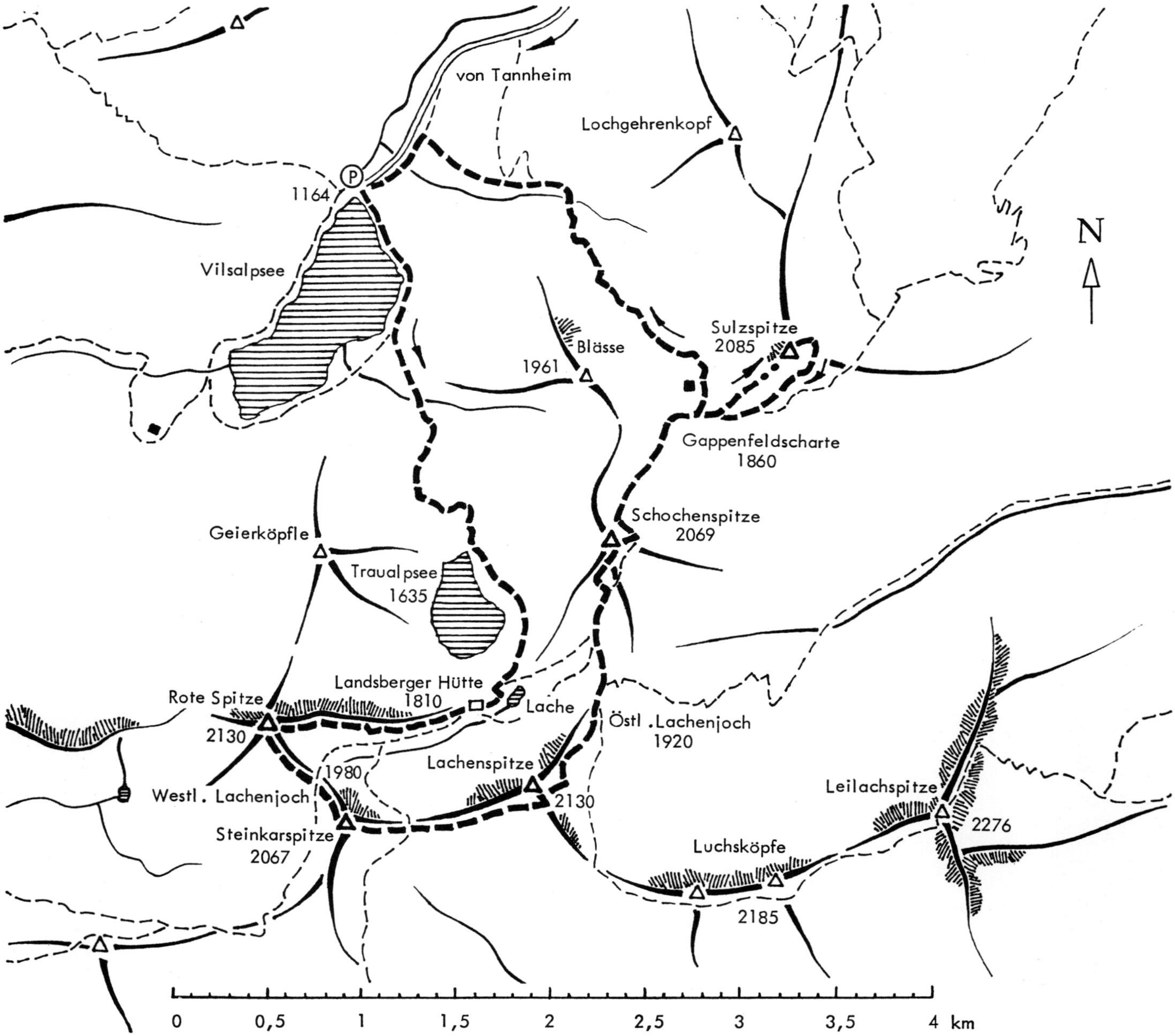
von Tannheim
Lochgehrenkopf
1164
Vilsalpsee
N
Sulzspitze
2085
Blässe
1961
Gappenfeldscharte
1860
Schochenspitze
2069
Geierköpfle
Traualpsee
1635
Landsberger Hütte
1810
Rote Spitze
2130
Lache
Östl. Lachenjoch
1920
1980
Lachenspitze
Westl. Lachenjoch
2130
Leilachspitze
2276
Steinkarspitze
2067
Luchsköpfe
2185
0
0,5
1
1,5
2
2,5
3
3,5
4 km

Tourendaten

Ausgangsort:	Vilsalpsee – 1164 m
Geeignete Zeit:	(Mai) Juni bis Oktober
Gipfel:	Rote Spitze 2130 m – Steinkarspitze 2067 m – Lachenspitze 2130 m – Schochenspitze 2069 m – Sulzspitze 2085 m
Steighöhen und Gehzeiten:	Ohne Sulzspitze 1385 m – 7 bis 8 Stunden Mit Sulzspitze 1610 m – 8 bis 9 Stunden
Charakter:	Attraktive Kammwanderung rund um die Landsberger Hütte. Sie erfordert Trittsicherheit und etwas Übung im Schrofengelände. Am Ostkamm der Roten Spitze nur Trittspuren. Besteigung der Sulzspitze über den Südwestgrat leichte Kletterei (nur für Geübte).

Tourenprofil mit Gehzeiten (Stunden)

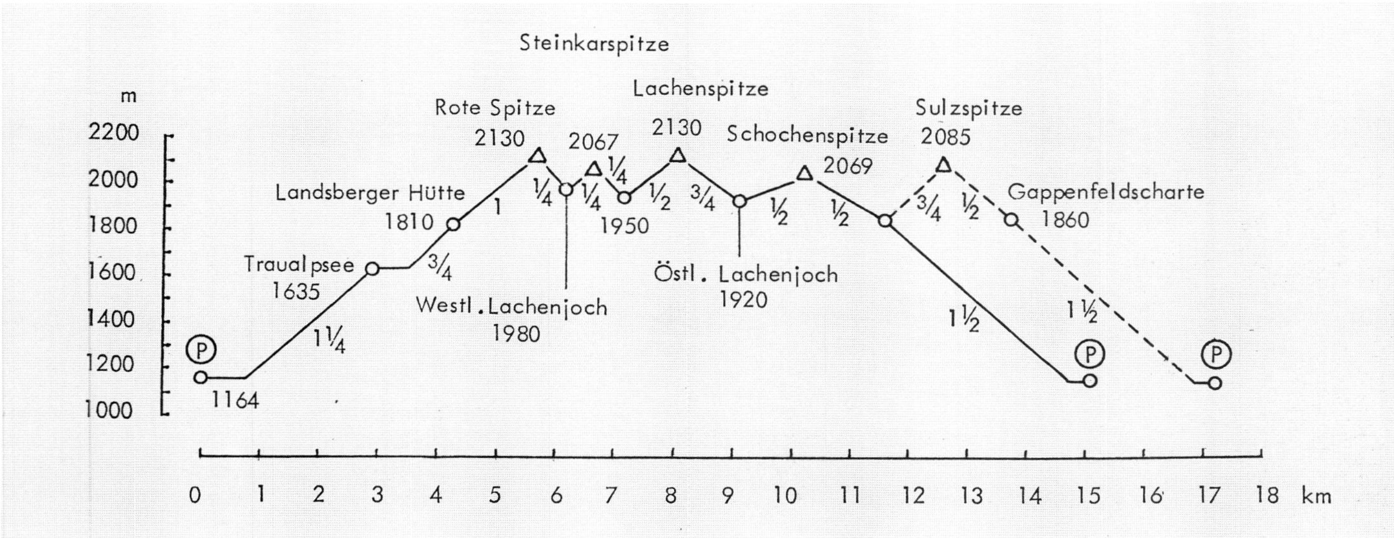

⑨

Zwischen Tannheimer und Hintersteiner Tal

Von der Rohnenspitze zur Kühgundspitze

Gipfelrast auf dem Ponten

Schattwald im Tannheimer Tal, das man über Pfronten/Grän, Wertach/Oberjoch oder Hindelang/Oberjoch erreicht, ist der Ausgangsort für diese hübsche aussichtsreiche Rundtour, eine Überschreitung der am weitesten nach Nordosten vorgeschobenen Gipfel des Allgäuer Hauptkammes von der Rohnenspitze über Ponten, Bschießer und Iseler zur Kühgundspitze. Diese Berge sind sowohl vom Tannheimer Tal als auch vom Hintersteiner Tal (Ostrachtal) leicht zugänglich, doch hat der hier vorgeschlagene Aufstieg vom Tannheimer Tal den Vorteil, daß die sehr lohnende Rohnenspitze (auch Rhonenspitze und Ronenspitze – die Beschriftung auf Schildern und in den Karten ist nicht einheitlich) in die Kammwanderung unmittelbar mit einbezogen werden kann und daß aus jedem Sattel zwischen den Gipfeln eine gute Abstiegsmöglichkeit zurück ins Tannheimer Tal besteht. So kann man die Tour bei Bedarf, etwa bei Wetterumschlag, nach jedem Gipfel abbrechen.
Wir parken in der Ortsmitte an der Stelle, wo ein Asphaltsträßlein von der Hauptstraße bergwärts abzweigt. Hier gibt es im Bereich der Gaststätten genügend Parkmöglichkeiten. Wir folgen zunächst dem Schild „Stuibenalp“. Gleich am Ortsausgang haben wir mit Ausnahme des Iseler unsere Gipfelziele vor Augen: links die Rohnenspitze mit ihrem breiten, auf Schattwald weisenden Nordrücken, rechts daneben der Ponten über einer Waldkuppe, gefolgt vom Bschießer mit seiner schroffen Nordflanke, und schließlich ganz rechts die langgestreckte Kühgundspitze, über die wir nach Schattwald zurückkehren wollen. Nach 15 Minuten zweigt vom breiten Kiesweg nach links ein schmaler, blau beschilderter, rot markierter Steig ab, der nach kurzem steilen Anstieg im Wald am Wiesenhang emporführt. Er stößt bald auf einen Forstweg, dem wir in einer nach rechts ausholenden Kehre folgen. Er ist bequemer als der geradeaus weitergehende, undeutliche Steig, der bald wieder auf den Forstweg trifft. Wenig später erreichen wir das Pontental, das Hochtal zwischen Rohnenspitze und Ponten, wo ein beschilderter schmaler Pfad abzweigt. Einige hundert Meter taleinwärts weist ein Schild nach links zur Rohnenspitze (geradeaus geht es zum Zirleseck). Das nette Steiglein zieht zunächst ziemlich steil zum Nordrücken und windet sich dort in vielen kurzen Kehren durch niedrige Latschen, weiter oben über kleine schrofige Stufen und Geröll mit hübschen Rückblicken ins Tannheimer Tal und auf die hellen Wand-

Die Rohnenspitze vom Ponten. Darüber die Tannheimer Berge. Im Hintergrund rechts das Zugspitzmassiv

fluchten der Tannheimer Berge zum schon lange sichtbaren Kreuz empor. Es steht etwas unterhalb des höchsten Punktes auf einem nördlich vorgelagerten Kopf. Vom aussichtsreichen Gipfel können wir den nächsten Abschnitt unserer Tour überschauen: Nach Südwesten zieht ein mit kleinen Felsköpfen besetzter Rücken zum 120 Meter tiefer gelegenen Zirleseck hinab, von dem ein langer begrünter Kamm zu unserem nächsten Gipfelziel, dem Ponten, hinüberleitet. Darüber steht markant der Große Daumen. Zwischen ihm und dem weiter links gelegenen Hochvogel ragt der Gipfelreigen des Allgäuer Hauptkammes auf und im Süden, ziemlich nah, das Gaishorn und das schlanke Rauhhorn.
Über den Südwestrücken steigen wir ab. Der rot markierte Steig führt zunächst durch steiles Geröll. Die folgenden Felsköpfe können wir umgehen oder ohne Schwierigkeit überklettern. Ein letzter Abbruch wird in einer kurzen Rinne umgangen, und wir erreichen wenig später das Zirleseck, an dem die Wege aus dem Pontental und von Hinterstein über die Willersalpe zusammentreffen. Nun geht es auf dem begrünten Kamm zum Ponten hinüber, an dessen Südhängen der Weg, hoch über der sichtbaren Willersalpe, emporquert. Vor einem auffallenden Felskopf weist ein Schild zum nahen Pontengipfel, dem höchsten unserer Tour. Das Gipfelkreuz auf dem etwas niedrigeren östlichen Vorkopf, 1984 durch Blitzschlag zerstört, wurde im Juli 1986 wieder aufgestellt. Der Ponten bietet vor allem reizvolle Tiefblicke auf die beiden unsere Kammwanderung flankierenden Täler, das Tannheimer Tal und das Ostrachtal. Vor uns im Westen der Bschießer, zu dem ein mit zwei grasigen Höckern besetzter, ins Ostrachtal mit steiler Flanke abbrechender Grat hinüberführt. Wir blicken geradewegs auf die Südabstürze mit der bei Kletterern berühmten und beliebten Bschießerkante, die wir beim Übergang zum Bschießer, kurz vor Beginn der Serpentinen am Gipfelaufbau, näher betrachten können. Vorher, etwa am tiefsten Punkt zwischen Ponten und Bschießer, zweigt nach rechts ein Steig ab, eine Abstiegsmöglichkeit in eineinhalb Stunden nach Schattwald. – Außer dem Normalweg auf den Bschießer können wir auch einen Steig benutzen, der unmittelbar hinter den Südabstürzen beginnt. Er führt direkter zum Gipfelkamm, ist aber steiler und mühsamer, allerdings auch abwechslungsreicher als der Normalweg.
Vom Bschießer haben wir die beiden letzten Gipfelziele vor uns, Iseler und Kühgundspitze. Ihre Besteigung ist durchaus lohnend, weil wir neue Tiefblicke von diesen vorgeschobenen Standpunkten gewinnen und der Übergang auf teilweise schmalem Kamm vom Iseler zur Kühgundspitze recht hübsch ist. Dazu steigen wir zunächst auf dem langen Nordwestrücken über Geröll und durch Krummholz, zuletzt über sanfte Weidehänge zum flachen Zipfelsattel ab. Auch hier besteht die Möglichkeit, die Tour abzukürzen und durchs Stuibental an der Unteren Stuibenalpe vorbei, das letzte Stück am linken Bachufer entlang nach Schattwald abzusteigen.

Der Iseler, den wir vom Zipfelsattel auf gutem, an den Südhängen geführten Steig erreichen, ist wegen seiner leichten Zugänglichkeit von Hinterstein, Oberjoch und Schattwald und wegen seiner hübschen Aussicht ein sehr beliebtes Ziel, während die 30 Meter höhere Kühgundspitze ganz zu Unrecht viel weniger besucht wird. Der Übergang auf gutem deutlichen Steig, der hart an den Abbrüchen der Nordseite entlang an einigen latschenbedeckten Vorköpfen vorbei zum höchsten Punkt führt, nimmt etwa eine halbe Stunde in Anspruch. Er ist leicht, erfordert aber trittsicheres Gehen. Vom Hauptgipfel verfolgen wir den Kamm weiter zu dem niedrigeren Vorgipfel, auf dem ein Kreuz steht. Er bietet schöne Tiefblicke ins Tannheimer Tal und nach Oberjoch. Von hier haben wir mehrere Abstiegsmöglichkeiten. Am einfachsten ist es, auf dem genau nach Süden führenden rot markierten Pfad bis dorthin zu gehen, wo er sich oberhalb des Zipfelsattels am wenig geneigten Hang verliert, und nun weglos das kurze Stück zum Sattel abzusteigen, entweder rechts von dem etwas tiefer beginnenden Zaun oder auf die verfallene Obere Stuibenalpe zu. Vom Zipfelsattel können wir auf dem schon erwähnten Weg in einer Stunde nach Schattwald zurückwandern.
Kürzer ist der weglose Abstieg auf guten Rasentritten über den mäßig steilen Südosthang, wobei man am besten den zum Zipfelsattel führenden Pfad ein kurzes Stück benutzt, bis breite, nicht steile Latschengassen ein leichtes Absteigen ermöglichen. Man trifft dann auf den vom Zipfelsattel nach Schattwald führenden Weg. Dieser Abstieg erfordert ein bißchen Übung und Übersicht in weglosem Gelände.
Die schönste und interessanteste, allerdings auch anspruchsvollste Abstiegsmöglichkeit jedoch geht über den nach Nordosten ziehenden Grat, den sogenannten Kühgundrücken. Hier sind Trittsicherheit im Gratbereich und Orientierungssinn beim weiteren teils weglosen Abstieg unerläßlich. Vom Kreuz führt ein gut angelegter, rot markierter Steig über den Grat abwärts, kleine Abbrüche und Felsköpfe geschickt umgehend, mitunter unmittelbar auf dem stellenweise schmalen Gratrücken. Nach einer halben Stunde erreichen wir das Ende des Grats, der hier in einen breiten bewaldeten Rücken übergeht. Der Steig verläßt die Kammhöhe nach links und führt nach Oberjoch hinab. Wir wenden uns jedoch scharf nach rechts, nach Süden, und gehen fast waagerecht, zuzeiten auf schwach erkennbaren Trittspuren, 5 Minuten zu einer sanft geneigten, nur wenig eingesenkten grasigen Rinne, durch die ein Bächlein fließt. Diesem folgen wir einige Minuten. Wo es nach links abbiegt, gehen wir geradeaus weiter und stoßen, unsere Richtung beibehaltend, bald auf einen Forstweg, etwa 20 Minuten vom Gratende. Diesem folgen wir ins Tal, wobei wir zwei langgestreckte Kehren zeitsparend abschneiden können. Der Routenverlauf dieses Abstiegs ist in der Karte dargestellt.

Übergang vom Ponten zum Bschießer

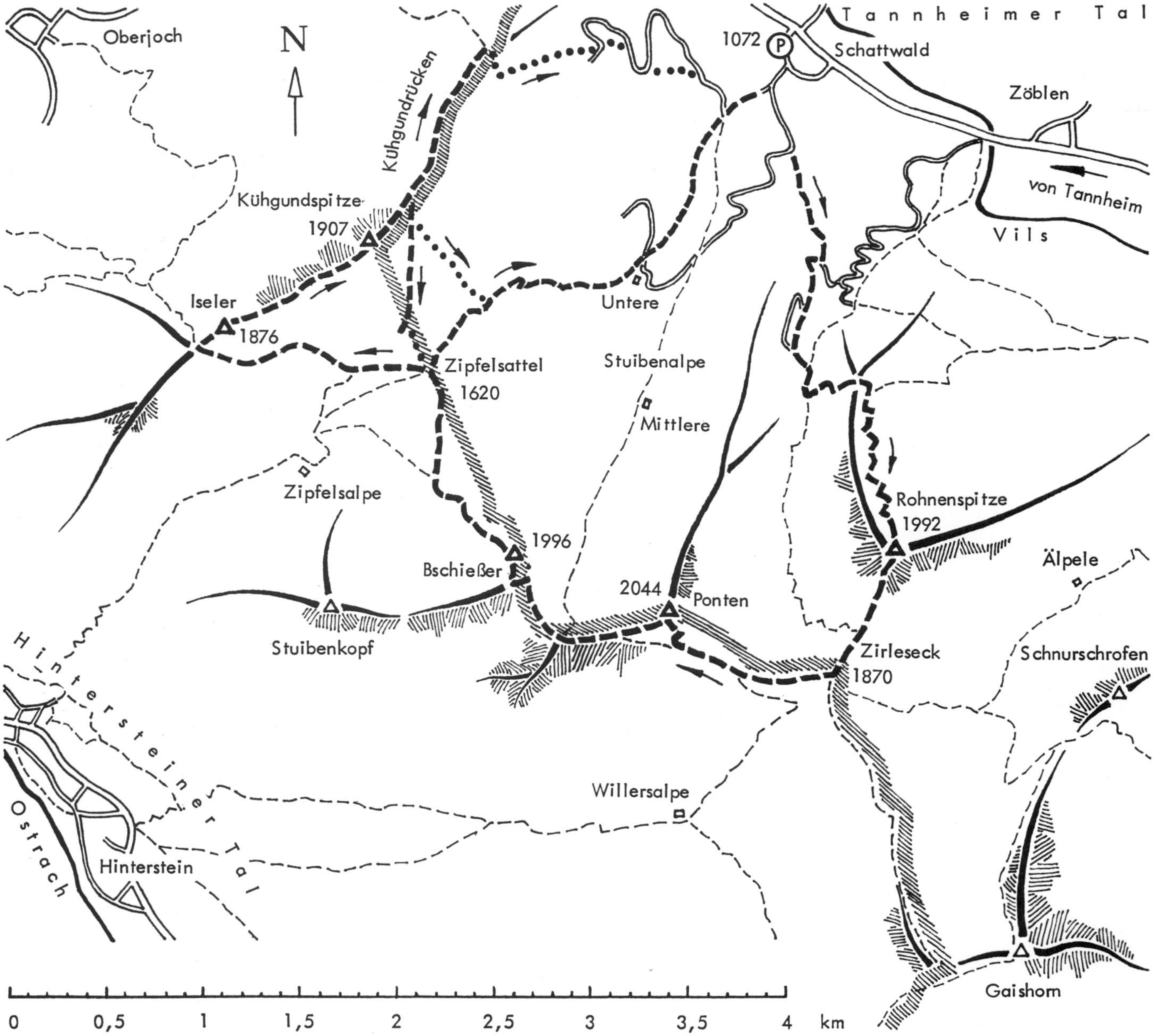
Oberjoch
N
Kühgundrücken
Tannheimer Tal
1072
P
Schattwald
Zöblen
von Tannheim
Vils
Kühgundspitze
1907
Iseler
1876
Untere
Zipfelsattel
1620
Stuibenalpe
Mittlere
Zipfelsalpe
Rohnenspitze
1992
1996
Bschießer
2044
Ponten
Älpele
Stuibenkopf
Zirleseck
1870
Schnurschrofen
Hintersteiner Tal
Willersalpe
Ostrach
Hinterstein
Gaishorn
0
0,5
1
1,5
2
2,5
3
3,5
4
km

Tourendaten:

Ausgangspunkt: Schattwald – 1072 m

Geeignete Zeit: Juni bis Oktober

Gipfel: Rohnenspitze 1992 m – Ponten 2044 m – Bschießer 1996 m – Iseler 1876 m – Kühgundspitze 1907 m

Steighöhen und Gehzeiten:

Gesamte Tour:	1560 m – 7 bis 8 Stunden
Ohne Iseler und Kühgundspitze:	1210 m – 5½ bis 6 Stunden
Nur Rohnenspitze und Ponten:	1110 m – 5 bis 5½ Stunden

Charakter: Unschwierige Rundtour über die nordöstlichen Ausläufer des Allgäuer Hauptkammes auf deutlichen, meist markierten Steigen. Der Abstieg über den Kühgundrücken verlangt sicheren Tritt. Der anfangs weglose Abstieg nach Schattwald ist problemlos bei Einhalten der beschriebenen Route.

Tourenprofil mit Gehzeiten (Stunden)

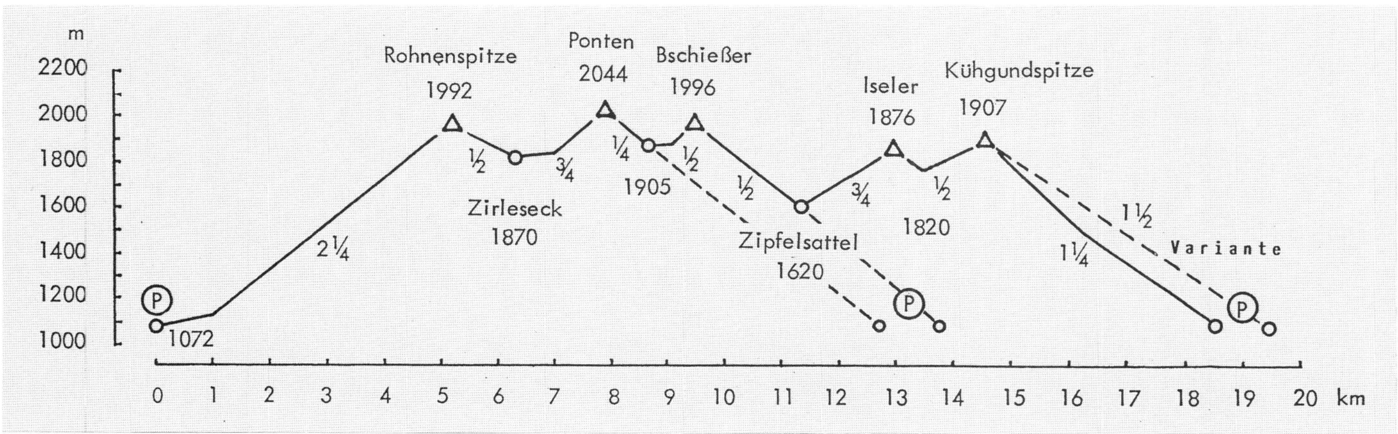

⑩

Jöchlspitzkamm

Über die Jöchlspitze zum Ramstallkopf

Im Herzen der Allgäuer Alpen, dort, wo die mächtige 16 Kilometer lange Hornbachkette sich vom Hauptkamm trennt, zweigt von der Hornbachspitze nach Süden ein Seitenast ab, der den höchsten Allgäuer Gipfel, den Großen Krottenkopf, trägt und über Ramstallkopf, Strahlkopf, Rothornspitze und Jöchlspitze ins Lechtal absinkt. Häufiger bestiegen in diesem Kamm werden nur der Große Krottenkopf und die Jöchlspitze, die durch Weganlagen leicht zugänglich gemacht sind. Die dazwischenliegenden Gipfel werden weitaus seltener besucht, ganz zu Unrecht, denn die Überschreitung von der Jöchlspitze zum Strahlkopf bietet eine geologisch und botanisch ungemein schöne und interessante Kammwanderung ohne technische Schwierigkeiten, die man mit einer Besteigung des Ramstallkopfs krönen kann.

Ausgangsort ist Holzgau im Lechtal. Hier bestehen am Höhenbach unterhalb der Kirche oder im Ort selbst genügend Parkmöglichkeiten. Gleich hinter der Höhenbachbrücke folgen wir der nach links abzweigenden Ortsstraße. Nach 100 Metern beginnt ein beschilderter Weg, der an einem kleinen Holzpavillon vorbei über sanft geneigte Wiesenhänge zum Waldrand, dort in einer Schneise auf die steileren Hochmähder und schließlich über kleine schrofige Stufen zum Gipfelkamm der Jöchlspitze und zum schon von Holzgau sichtbaren Kreuz führt. Der Steig, zwar oft schmal und steil, ist gut markiert und daher nicht zu verfehlen. Die Jöchlspitze ist ein hübscher Aussichtspunkt. Eindrucksvoll ist der Blick auf die Lechtaler Alpen jenseits des Tals mit der markanten turmartigen Wetterspitze gerade gegenüber. Im Westen sehen wir die Berge der Peischelgruppe, rechts davon den höchsten Teil des Allgäuer Hauptkamms mit dem Dreigestirn Hochfrottspitze – Mädelegabel – Trettachspitze, während im Norden unser nächstes Ziel, die Rothornspitze, mit ihrem charakteristischen weiß-rot gebänderten Wandabbruch aufragt, eingerahmt von Ramstallkopf und Marchspitze. Verständlich, daß die Jöchlspitze ein beliebtes und lohnendes Ziel auch für sich allein ist.

Wir wenden uns nun unserer Kammwanderung zu. Über eine begraste Kuppe geht es auf markiertem Weg in die nächste Einsenkung, das Rothornjoch hinab. Kurz darauf verlassen wir den Weg, der weit unterhalb der Kammhöhe geführt ist und im Bedarfsfall von jedem Sattel aus eine Rückzugsmöglichkeit

Die Rothornspitze vom Strahlkopf. Dahinter die Lechtaler Alpen mit der Wetterspitze

bietet, und steigen auf dem steiler werdenden Rücken zunächst auf Grastritten, weiter oben auf Pfadspuren, den kurzen schrofigen Aufschwung rechts umgehend, zur Rothornspitze empor. Der Abstieg in den Gumpensattel ist steil, aber gut gestuft, und es gibt deutliche Trittspuren, die problemlos hinuntergelangen lassen, wenn man konzentriert und sorgfältig geht. Auch der Aufstieg zum Strahlkopf teils auf Pfadspuren, teils auf ausgeprägtem Steiglein über Gras, Geröll und Schichtbänder macht keine Schwierigkeiten. Mächtiger ragen nun die Gipfel der Hornbachkette auf, vor allem der Große Krottenkopf mit dem vorgelagerten Ramstallkopf. Zu dem etwas niedrigeren Nordeck, das zum Karjoch hin mit einer 100 Meter hohen überhängenden Wand abbricht, zieht ein sanft geschwungener Graskamm hinüber, den wir mit dem nötigen Respektabstand von der nach Nordosten steil abfallenden Kante begehen. Nach 10 Minuten stehen wir auf dem Nordeck. Unmittelbar vor uns erhebt sich der höchste Gipfel unserer Tour, der Ramstallkopf, den wir vom Karjoch aus besteigen wollen. Die Aufstiegsroute können wir von hier gut verfolgen. Sie führt über den rechten Teil des Südrückens zum Gipfelgrat. Dieser Aufstieg erfordert Trittsicherheit und etwas Kletterfertigkeit, ist aber unschwierig. Natürlich ist die Besteigung auch eine Frage der noch verfügbaren Zeit. Wir müssen dafür mit Rückkehr nach Holzgau vom Nordeck aus auf der Normalroute mit 4½ Stunden rechnen, wenn wir nicht eine der Möglichkeiten nach den später beschriebenen Varianten 1 und 2 wählen, die den Abstieg um etwa 45 Minuten verkürzen.

Zunächst gilt es, ins Karjoch abzusteigen. Dazu bieten sich zwei Möglichkeiten. Die eine, einfachere, ist die Umgehung des Felsabbruchs links unterhalb der plattigen Schrofen auf Grasplanken und Geröll. Dabei steigen wir nicht zum unten sichtbaren Weg ab, sondern nur so weit, bis wir am Rand der Felsen auf Trittspuren nach rechts leicht ansteigend über Blockwerk zu dem vom Karjoch herabkommenden Pfad hinüberqueren können, und erreichen dann rasch das Joch. Wesentlich kürzer und interessanter ist der direkte Abstieg durch eine dicht beim höchsten Punkt ansetzende nach rechts hinabziehende Steilrinne. Die schwierigste Stelle befindet sich gleich im oberen Teil, wobei man den kleinen Felsabbruch am besten im trittigen Schrofengelände nach rechts umgeht und dann über eine etwas abdrängende aber gutgriffige Kante – mäßig schwierig II – wieder in die Rinne zurückquert, die nun ohne Schwierigkeit zu begehen ist. Die unterste steilere Stufe kann man direkt abklettern oder leichter zunächst rechts auf Grastritten etwas ansteigend und dann auf einem plattigen Band ins Joch absteigend umgehen. Das Ganze dauert eine Viertelstunde, die Umgehung des Felsabbruchs links doppelt so lange.

Der Aufstieg zum Ramstallkopf über den geröllbedeckten Südrücken ist etwas mühsam. Die Grasplanken im unteren Teil sind schnell überwunden, den ersten kurzen schrofigen Aufschwung umgehen wir links, bleiben aber rechts von der den Südrücken spaltenden Rinne. Über leichte Schrofen und Geröll, stellenweise auf in Kehren angelegten Steigspuren, die den Anstieg erleichtern, streben wir dem Gipfelgrat zu. Auf ihm geht es in hübscher leichter Kletterei, die wegen der Brüchigkeit des Gesteins Vorsicht

Der Jöchlspitzkamm vom Aufstieg zum Ramstallkopf. Rechts unten der Felsabbruch des Strahlkopf-Nordecks mit der Abstiegsrinne

gebietet, zum Steinmann am Gipfel. Hier haben wir den Großen Krottenkopf nun unmittelbar vor uns, links flankiert von Öfner- und Krottenspitze, rechts vom weiter entfernten Hochvogel und von der nahen Marchspitze. – Beim Abstieg hält man sich genau an die Aufstiegsroute. Achten Sie im Gratbereich vor allem darauf, daß Sie an der Gratteilung nicht versehentlich am rechten Ast absteigen, sondern den linken Ast benützen, über den ja auch der Aufstieg führte. Vom Karjoch gehen wir dann auf markiertem, anfangs allerdings nicht sehr deutlichen Steig hinunter zum Weg, dem wir nach rechts folgen. Er leitet durch das seilversicherte „Klämmle", eine schrofige Geröllrinne, und danach mit wenig Höhenänderung zu einer Wegteilung: Nach rechts geht es zur Krottenkopfscharte, geradeaus zur Kemptner Hütte und nach links, nicht beschildert, aber rot markiert, am Roßgumpenbach entlang zum Rückweg im Höhenbachtal. Auf diesem in den meisten Karten nicht eingezeichneten Pfad setzen wir unsere Tour fort. Er ist, besonders bei der Überquerung des Bachbettes im mittleren Teil, nicht immer deutlich, aber die Route ist nicht zu verfehlen, und danach ist die Wegführung wieder gut zu erkennen. Wir stoßen schließlich auf den von der Kemptner Hütte herabkommenden Weg und wandern durch das abwechslungsreiche Höhenbachtal, das sich am Schluß klammartig verengt, am eindrucksvollen Simmswasserfall mit seiner wuchtigen Felsumrahmung vorbei nach Holzgau zurück.
Wer den Ramstallkopf nicht besteigen möchte, steigt vom Nordeck den Felsabbruch links umgehend zum markierten Weg ab und wandert wie vorher beschrieben durch Klämmle, Roßgumpen- und Höhenbachtal zum Parkplatz hinaus.
Wenn's pressiert, gibt es noch zwei andere, kürzere Rückkehrmöglichkeiten. Variante 1: Nach Abstieg vom Karjoch oder vom Nordeck zum Weg folgen wir diesem nach links zum Rothornjoch und steigen von dort auf unserem Aufstiegsweg über die Jöchlspitze nach Holzgau ab. Das bietet zwar nichts Neues, ist aber bei Zeitknappheit das Sicherste. Vor Jahren existierte auch am Rothornjoch eine direkte Abstiegsmöglichkeit ohne nochmalige Überschreitung der Jöchlspitze. Aber der frühere, in älteren Karten noch eingezeichnete Weg ist heute nicht mehr vorhanden. Er wird erst wieder im Bereich der vom Joch aus sichtbaren weit unten liegenden Heuhütten erkennbar. Dorthin muß man weglos über

steiles Gras, am besten rechts neben dem im Hang eingeschnittenen Graben, absteigen, bis man auf einen zu den Hütten querenden schmalen Pfad trifft. Er führt, auch hier stellenweise ganz undeutlich, über den Grasrücken hinab, überschreitet weiter unten einen Bach – den Wiesenbach – und erreicht, nun als deutlicher Weg, durch Wald die Alpwiesen von Holzgau, wo er auf den Weg von der Jöchlspitze trifft. Empfehlenswert ist diese Abstiegsroute nicht, sie ist, besonders bei schlechter Sicht, leicht zu verfehlen. Die Abstiegszeit ist die gleiche wie bei Rückkehr über die Jöchlspitze, vom Weg unterm Karjoch etwa 2¼ Stunden.
Versuchen Sie nicht, von dem unterhalb des Jöchlspitzkammes laufenden Weg durch eins der Hochtäler direkt ins Höhenbachtal abzusteigen. Sie sehen von oben ganz einladend aus, brechen aber auf den letzten 200 Höhenmetern in ungangbaren, latschenüberwachsenen Wänden und Steilrinnen ab. Doch gibt es auch hier eine Abstiegsmöglichkeit, die ich allerdings nur sicheren, mit steilem Gras vertrauten Gehern empfehlen kann. Man braucht vom Weg unterm Karjoch zurück nach Holzgau 2 Stunden, etwas weniger als über die Jöchlspitze, und man lernt eine neue Route kennen (Variante 2). Zunächst folgen wir dem Weg unterm Karjoch nach rechts. Gleich hinterm Klämmle öffnet sich ein oben geröllbedecktes, weiter unten begrüntes, ziemlich sanft abfallendes Hochtal, das den ersten Teil des Abstiegs vermittelt. Am besten steigt man unmittelbar am Austritt des Klämmles über Geröll auf den Grasboden ab und hält sich dann in der seichten, etwas gewundenen Talfurche, die unten nach 200 Höhenmetern auf einen wenige Meter hohen Grasbuckel stößt, an dem sie sich verengend links vorbeizieht. Er leitet einen latschenbedeckten Rücken ein, über den unser weiterer Abstieg verläuft. Zunächst folgen wir Pfadspuren auf dem Rücken am linken Rand der Latschen, die bald in eine mäßig steile seichte Geröll- und Schrofenrinne münden. Diese geht weiter unten in eine durchlaufende Latschengasse über. Sie ist im mittleren Teil durch einen querliegenden Baum unterbrochen, der wohl kaum noch weggeräumt wird. Benützen Sie nach der Umgehung auf jeden Fall die Fortsetzung der Latschengasse! Am Schluß wird der Rücken breit und recht steil. Wir sehen unten den Höhenbach und die Untere Roßgumpenalpe und steigen durch lockeren Latschenbestand auf Grastritten zum Weg im Tal ab.

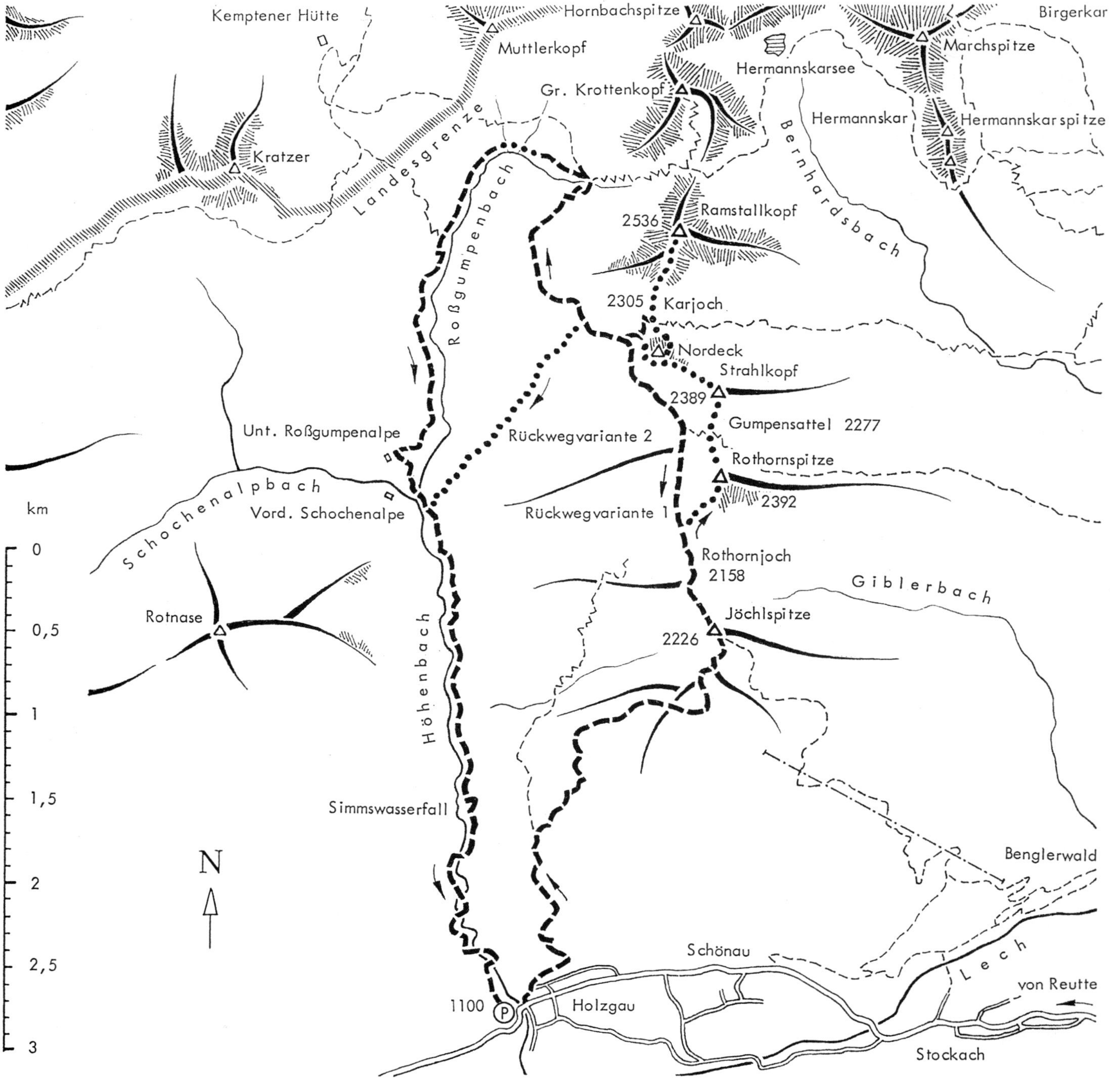
Kemptener Hütte
Hornbachspitze
Birgerkar
Muttlerkopf
Marchspitze
Hermannskarsee
Gr. Krottenkopf
Hermannskar
Hermannskarspitze
Kratzer
Landesgrenze
Bernhardsbach
Ramstallkopf
2536
Roßgumpenbach
2305
Karjoch
Nordeck
Strahlkopf
2389
Gumpensattel 2277
Unt. Roßgumpenalpe
Rückwegvariante 2
Rothornspitze
Schochenalpbach
2392
Vord. Schochenalpe
Rückwegvariante 1
km
0
Rothornjoch
2158
Giblerbach
Jöchlspitze
Rotnase
0,5
2226
Höhenbach
1
1,5
Simmswasserfall
Benglerwald
N
2
Schönau
2,5
Lech
von Reutte
1100
P
Holzgau
3
Stockach

Tourendaten

Ausgangsort: Holzgau im Lechtal – 1100 m

Geeignete Zeit: Juli bis Oktober (November)

Gipfel: Jöchlspitze 2226 m – Rothornspitze 2392 m – Strahlkopf 2389 m – Ramstallkopf 2536 m

Steighöhen und Gehzeiten:

Gesamttour mit Ramstallkopf		
bei Nordeckabstieg durch die Rinne	1770 m	– 8½ bis 9 Stunden
bei Umgehung des Felsabbruchs	1850 m	– 8¾ bis 9¼ Stunden
Ohne Ramstallkopf	1540 m	– 7 bis 7½ Stunden
Abstiegsvariante 1		
mit Ramstallkopf	1790 m	– 8 bis 8½ Stunden
ohne Ramstallkopf	1560 m	– 6½ bis 7 Stunden
Abstiegsvariante 2		
mit Ramstallkopf	1720 m	– 7¾ bis 8¼ Stunden
ohne Ramstallkopf	1490 m	– 6¼ bis 6¾ Stunden

Charakter: Genußreiche, bei der Überschreitung von Rothornspitze und Strahlkopf Trittfestigkeit fordernde Kammwanderung ohne Schwierigkeiten. Abstieg vom Nordeck durch die Rinne nur für Geübte. Besteigung des Ramstallkopfs über den Südrücken leicht, aber mühsam. Der Gipfelgrat bietet unschwierige Kletterei.

Tourenprofil mit Gehzeiten (Stunden)

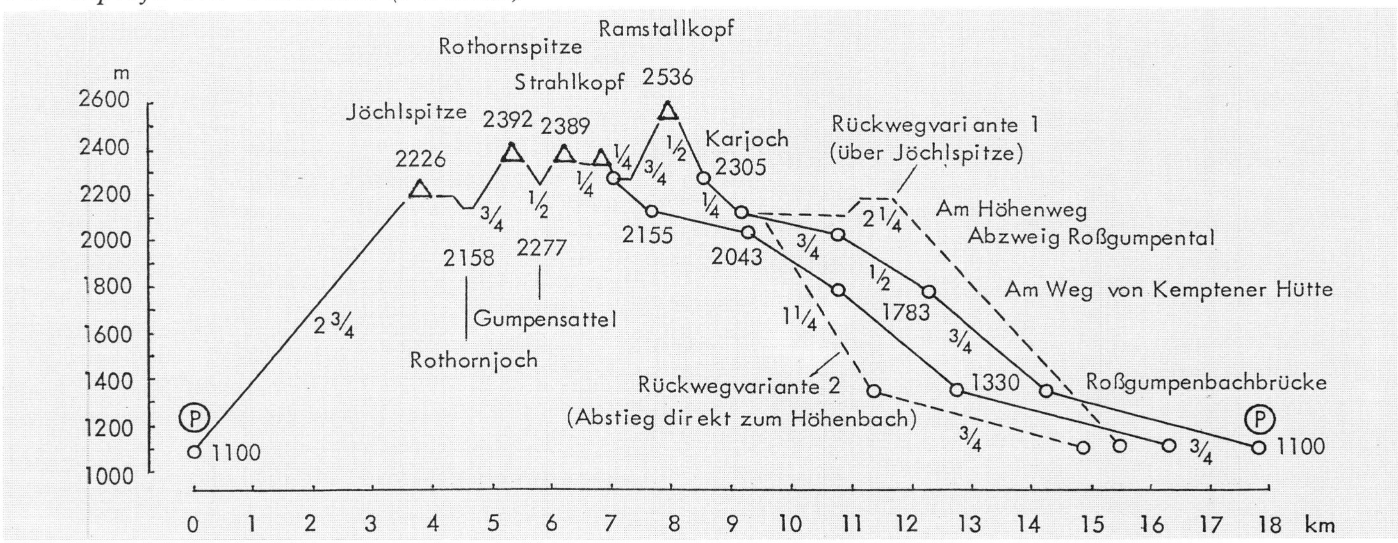

⑪

In der Hornbachkette

Über Schöneckerkopf und Balschtespitze zur Rotwand

Die Gipfel der Hornbachkette, des längsten und mächtigsten Seitenkamms der Allgäuer Alpen, sind weit weniger besucht als die des Hauptkamms und der meisten übrigen Gruppen. Das liegt vor allem daran, daß im unmittelbaren Kamm nur drei, nämlich Klimmspitze, Bretterspitze und Östliche Plattenspitze, durch markierte Steiganlagen erschlossen sind. Allenfalls kann man auch die Urbeleskarspitze noch dazurechnen. Die anderen sind einsam. Ich habe auf Gipfeln der Hornbachkette gestanden, die nur einige Male im Jahr oder nur einmal in einigen Jahren bestiegen werden, und man hat dann mehr als anderswo ein Gefühl von Freiheit und Abenteuer. Gewiß, die Besteigung solcher Gipfel ist mitunter nicht ganz einfach und erfordert Kletterei, und mühsam ist sie obendrein. Doch gibt es andere, die auch weglos leicht zugänglich sind – und trotzdem kaum besucht werden. Einige davon lassen sich in eine sehr hübsche lohnende Rundtour einbeziehen, die Ihnen sicher Spaß machen wird. Bestiegen werden dabei Schöneckerkopf, Balschtespitze, Balschteturm und die kecke Rotwand, die mit ihrer hellen, auf steilen Grashängen ruhenden Kalkkrone und dem großen Gipfelkreuz ins Lechtal hinabgrüßt.
Ausgangsort ist Elbigenalp im Lechtal. Hier zweigt am höchsten Punkt der Lechtalstraße an einer großen geschnitzten Figur mit Hinweis auf die Hermann-von-Barth-Hütte nach rechts ein Sträßlein ab, das zum 200 Meter entfernten Parkplatz führt. Unmittelbar dort beginnt unser Aufstieg auf dem breiten Versorgungsweg der Hütte. Wo der Weg aus dem Wald auf den freien Wiesenhang austritt, können wir nach links auf steilem, nicht markierten Pfad die ausholende Wegkehre abkürzend emporsteigen oder – nur unwesentlich länger, aber bequemer – die Kehre ausgehen. Der Pfad trifft bald wieder auf den Versorgungsweg und geht auf der anderen Seite in den deutlich markierten Aufstiegsweg zur Hütte über. Er führt in angenehmer Steigung durch lockeren Fichtenwald, schwenkt später in das tiefeingeschnittene Tal des Balschtebachs ein und erreicht schließlich den Talgrund, wo er in scharfer Linkswendung zur Hütte zieht. An dieser Stelle verlassen wir den Weg und steigen, immer an der rechten Bachseite mitunter auf Trittspuren, im einsamen Hochtal des Balschtebachs auf. Das ist reizvoller und wesentlich kürzer als der ziemlich eintönige Hüttenweg. Die felsige Einschnürung im mittleren Teil überwinden wir, in die engste Stelle am oberen Ende von rechts hineinquerend, im griffigen Gestein ohne Schwierigkeit und erreichen die nächste Stufe des Hochtals, wo gute Grastritte ein leichtes Ansteigen ermöglichen. Die folgende schrofige Steilstufe umgehen wir rechts und treffen dann gleich auf den von der Barth-Hütte zum Balschtesattel führenden Enzensperger Weg. Über die Hütte hätten wir hierher eine halbe Stunde mehr gebraucht.

Balschteturm, Südlicher Söllerkopf und Rotwand vom Schöneckerkopf

Vor uns haben wir nun unser erstes Gipfelziel, den Schöneckerkopf mit seinem schon beim Anstieg im Balschtehochtal auffallenden zerklüfteten Gipfelkörper, rechts daneben die Balschtespitze mit grasiger Gipfelkuppe, dann den steilfelsigen nur wenig vom Südrücken der Balschtespitze abgesetzten Balschteturm und schließlich ganz rechts die über dem Balschtesattel sich erhebende Rotwand. Wir folgen dem Enzensperger Weg einige Minuten und steigen dann nach links über Blockwerk, Geröll und Gras zur Scharte zwischen einem südlich vorgelagerten Felskopf und der Gipfelabdachung des Schöneckerkopfs empor. Von hier gelangen wir auf gutem Schrofenband zur grasigen Abdachung und an deren oberen Ende nach links in einer kurzen Rinne zum schmalen Gipfel. Von der Scharte dauert das nur 10 Mi-

Abstieg vom Schöneckerkopf

Auf dem Enzensperger Weg. Im Hintergrund der Schöneckerkopf

nuten. Der Schöneckerkopf ist, obwohl niedriger als seine Nachbarn, ein guter Aussichtspunkt. Im Westen bilden vor allem die vielzackigen, als Kletterberge beliebten Wolfebnerspitzen, an die sich rechts die Platten- und Ilfenspitzen anschließen, eine markante Kulisse. Im Osten blicken wir auf unser nächstes Ziel, die Balschtespitze, und können uns gleich mit der Aufstiegsroute vertraut machen. Sie führt unterhalb der von Rippen durchzogenen, im Geröll auslaufenden Südwestflanke bis dorthin, wo das Geröll am weitesten hinaufreicht, dann in einer von hier nicht einsehbaren Schrofenrinne zu den mäßig steilen Grashängen des Hochkars oberhalb der Steilstufe und zur Gipfelkuppe.
Vom Schöneckerkopf steigen wir genau auf dem Anstiegsweg zur kleinen Scharte ab und von dort auf

guten Grastritten nach Osten zum markierten Steig, der etwas tiefer vom Enzensperger Weg abzweigt und zur Einsattelung zwischen Schöneckerkopf und Balschtespitze, der Schöneckerscharte, emporführt. Diesem folgen wir ein kurzes Stück und queren an geeigneter Stelle im Geröll horizontal oder leicht ansteigend zum Ansatz der Südwestflanke der Balschtespitze. Hier gehen wir unmittelbar am unteren Rand der Steilstufe auf Trittspuren bis zu der schon erwähnten nach links emporziehenden Rinne. Sie führt in ganz leichter Kletterei ins Hochkar, von dem wir über Gras problemlos den Gipfel erreichen. Merken Sie sich die Aufstiegsroute gut, besonders die Austrittsstelle der Rinne, denn der Abstieg von der Balschtespitze geht auf jeden Fall wieder hier durch.
Der Blick nach Osten ist beherrscht von der höheren, steil aufragenden Kreuzkarspitze, einem der bedeutendsten Gipfel der Hornbachkette. Sie entsendet nach Süden einen Seitenkamm, der die Söllerköpfe aufwirft, und über die Rotwand, unser letztes Gipfelziel, ins Lechtal absinkt. Der Balschteturm, den wir von hier aus besteigen können, ist weitgehend von einem felsigen Vorkopf im Südrücken der Balschtespitze verdeckt. Der Abstecher, der etwas Kletterfertigkeit erfordert, ist durchaus interessant und lohnend, er kostet allerdings eine Stunde Mehraufwand. Wir folgen dazu dem Südrücken bis zum Abbruch in die Scharte vor dem Turm, die wir durch Abstieg in einer steilen, aber gutgriffigen seichten Rinne in leichter Kletterei (I) gewinnen. Der erste Zacken am Turm wird links umgangen, dann geht es nach rechts in einer Rinne zu einer kleinen Scharte hinter besagtem Zacken, auf einem Band und über Geröll zum Grat und dort auf guten Tritten die letzten Meter zum spitzen Gipfel. Abstieg zur Scharte auf der Anstiegsroute. Hier gibt es zwei Möglichkeiten: Entweder Anstieg zum Ansatz des Südrükkens der Balschtespitze, Querung ins Hochkar und Abstieg durch die Aufstiegsrinne zum Enzensperger Weg, oder – nur für Geübte mit Erfahrung in steilem Geröll – Abstieg in der an der Scharte ansetzenden nach Osten hinabziehenden Rinne, unten über guttrittiges Gras ins Hochtal und über einen Grasrücken auf schwachem Steiglein zum Enzensperger Weg, eine halbe Stunde kürzer.
Auf dem Enzensperger Weg geht es in hübscher, aussichtsreicher Wanderung zum Balschtesattel, über dem die Gipfelkrone der Rotwand aufragt. Sie verteidigt sich durch einen Wandgürtel, der auf steilem Pfad 40 Höhenmeter absteigend umgangen wird. Dann führt ein Steiglein über Gras an den Gipfelaufbau heran, und man erreicht im griffigen festen Fels am Grat oder in einer Rinne mit Sicherungsseil ohne Schwierigkeit den Gipfel. Es ist ein herrlicher Aussichtspunkt, eindrucksvoll der Blick hinab ins Lechtal und auf die Lechtaler Alpen.
Von der Rotwand leitet ein deutlicher Steig auf breiten Grasbändern hinab zu einer schon von oben sichtbaren Hütte, dem Söllner Jagdhaus, und weiter zu unserem Aufstiegsweg, der nach Elbigenalp zurückführt.
Auf dem Weg von der Balschtespitze zur Rotwand besteht die Möglichkeit, noch einen weiteren Gipfel, den Südlichen Söllerkopf, zu besteigen. Seine Überschreitung stellt einige Anforderungen an Trittsicherheit und Klettergewandtheit, ist aber für Geübte unschwierig (I). Sie erfordert 1¼ Stunden Mehr-

aufwand. Wir verlassen den Enzensperger Weg an einem schwach ausgebildeten begrünten Rücken, der etwa auf die tiefste Einsenkung zwischen Nördlichem und Südlichem Söllerkopf weist und in nach oben steiler werdende Geröllhänge übergeht. Hier steigen wir, soweit möglich die spärlich vorhandenen grasigen Geröllzungen benutzend, bis nahe an die Felsen heran und wenden uns dann nach rechts der breiten Rinne zu, in der wir, am besten an deren linker Begrenzung, zur auffallenden Scharte im Nordgrat des Südlichen Söllerkopfs aufsteigen. Der erste kurze Grataufschwung wird rechts umgangen, dann geht es in netter leichter Kletterei auf dem Grat in wenigen Minuten zum Gipfel. Für den Abstieg am Südgrat ist es am einfachsten, den obersten Abbruch auf breitem Geröllband zu umgehen.

Die Rotwand über dem Balschtesattel

Dem nächsten Gratstück weicht man auf Grastritten links aus. Das Gelände wird nun gut gangbar, und man kann ohne Schwierigkeit zum Weg und zum Balschtesattel absteigen.
Übrigens: Auch die Kurzfassung dieser Tour mit Besteigung nur von Schöneckerkopf und Rotwand ist hübsch und lohnend. Sie ist wesentlich kürzer und besonders in fortgeschrittener Jahreszeit sehr zu empfehlen.

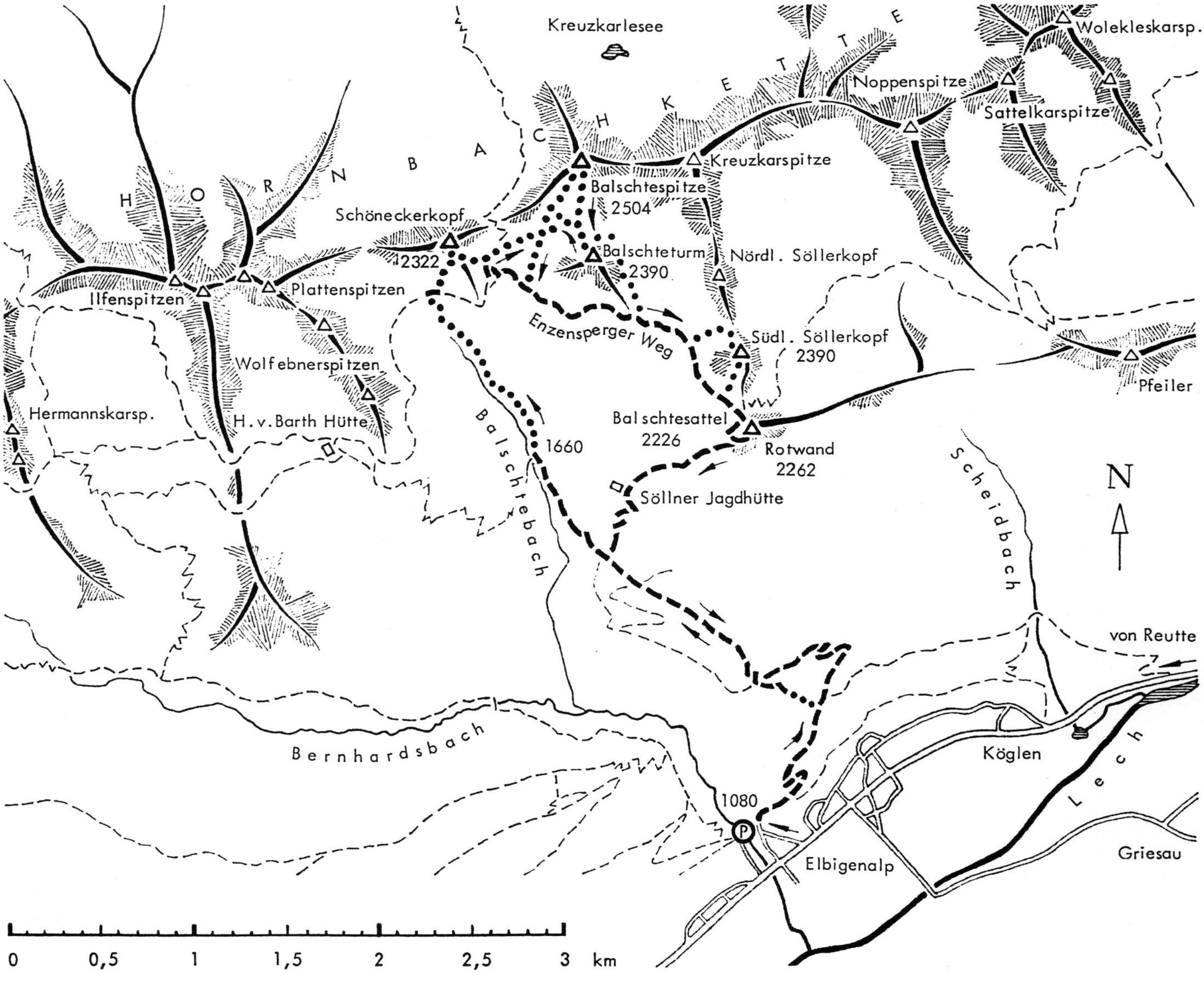

Tourendaten

Ausgangsort:	Elbigenalp im Lechtal – 1080 m	
Geeignete Zeit:	Juli bis Oktober (November)	
Gipfel:	Schöneckerkopf 2322 m – Balschtespitze 2504 m – Balschteturm 2390 m – Südl. Söllerkopf 2390 m – Rotwand 2262 m	
Steighöhen und Gehzeiten:	Gesamttour ohne Söllerkopf	1840 m – 8½ bis 9 Stunden
	Ohne Balschteturm und Söllerkopf	1780 m – 7½ bis 8 Stunden
	Nur Schöneckerkopf und Rotwand	1420 m – 6 bis 6½ Stunden
	Nur Schöneckerkopf, Söllerkopf und Rotwand	1580 m – 7½ bis 8 Stunden
	Gesamttour mit Söllerkopf	2000 m – 9½ bis 10 Stunden
Charakter:	Aussichtsreiche Rundtour in einem wenig begangenen Abschnitt der Hornbachkette, die am Balschteturm und am Südlichen Söllerkopf für Geübte unschwierige Kletterei bietet. Die „Kurzfassung“ der Tour mit Besteigung nur von Schöneckerkopf und Rotwand in Verbindung mit dem Enzensperger Weg ist leicht und äußerst lohnend.	

Tourenprofil mit Gehzeiten (Stunden)

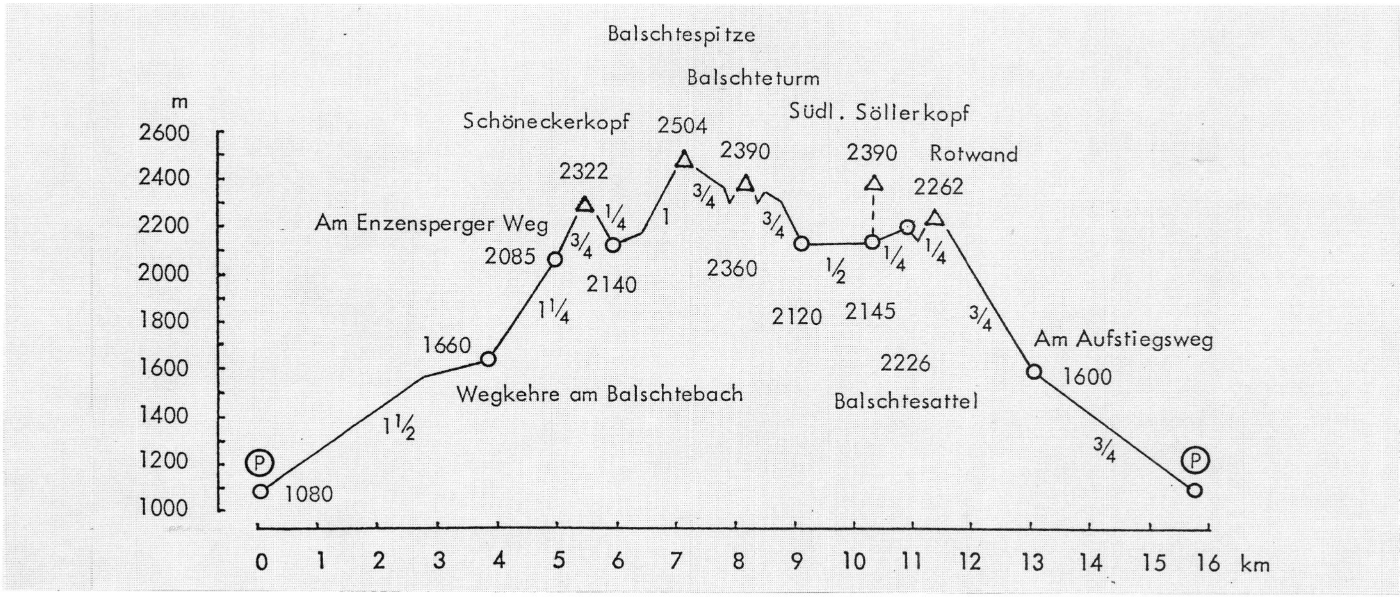

Ammergauer Alpen

⑫

Im Bleckenaugebiet

Über Branderschrofen, Ahornspitze und Hohen Straußberg

Die idyllisch am Alpenrand gelegenen Königsschlösser Neuschwanstein und Hohenschwangau bilden den Rahmen zu einer besonders abwechslungsreichen Rundtour im nordwestlichen Teil der Ammergauer Alpen mit Überschreitung von Branderschrofen, Ahornspitze und Hohem Straußberg. Hier wandern wir gewissermaßen auf den Spuren Ludwigs II. in einem Gebiet, in dem sich der König öfters aufhielt. Königliche Jagdgesellschaften benutzten häufig den auch heute noch bestehenden Reitweg zu den Jagdhäusern auf dem Tegelberg, Abstiegsvariante unserer Tour. König Ludwig liebte diese Landschaft mit ihrem Wechsel vom seenreichen Alpenvorland zu den jäh aus der Ebene aufsteigenden Wald- und Felsgipfeln der Ammergauer Alpen. Hier, am Rand des Gebirges auf einer Schulter hoch über der Pöllatschlucht, ließ er sein Schloß Neuschwanstein bauen, das bei unserem Aufstieg zum Tegelberg wiederholt romantische Blickpunkte bietet.
Sagen Sie nicht, die Besteigung des Branderschrofen sei doch nichts Besonderes. Das habe ich früher auch gedacht. Für die Normalwege trifft dies sicher zu. Aber der Aufstieg über den Tegelbergwestgrat mit seinen herrlichen Rückblicken auf den Alpsee und die Tannheimer Berge und die kleine Gratüberschreitung am Gipfel mit direktem Abstieg zum Branderfleck bietet wohl vielen etwas Neues, und die Fortsetzung der Tour mit Überschreitung des Hohen Straußbergs ist gewiß nichts Alltägliches. Zudem stellt die Gesamttour an die Ausdauer einige Anforderungen.

Aufstieg über die Marienbrücke

Ausgangspunkt unserer Tour ist Hohenschwangau unweit von Füssen. Leider gibt es hier keine gebührenfreien Parkmöglichkeiten. Wir stellen den Wagen auf einem der Parkplätze für die Schloßbesucher ab. Statt dessen können wir aber auch wie bei der später beschriebenen Variante 1 auf dem gebührenfreien Parkplatz der Tegelbergbahn parken und auf hübschem Wiesenweg an der Pöllat entlang und durch die Pöllatschlucht – gut beschildert – zur Marienbrücke aufsteigen. Das dauert nur eine Viertel-

stunde länger, und warum sollen wir die reizvolle Pöllatschlucht nicht zweimal begehen, im Auf- und im Abstieg.
Wenn wir in Hohenschwangau beginnen, steigen wir nicht auf dem Weg zum Schloß auf, sondern benutzen den viel weniger begangenen Steig zur Marienbrücke, der etwa 100 Meter südlich der Parkplätze von der Straße nach links abzweigt, nach wenigen Minuten die Straße nochmals quert und dann, mit hübschen Ausblicken auf das für Ludwigs Vater Maximilian 1833 bis 1837 erbaute Schloß Hohenschwangau zum Aussichtspunkt Jugend und zur Marienbrücke emporführt. Von der Brücke haben wir einen eindrucksvollen Nahblick auf Schloß Neuschwanstein und die tief eingeschnittene Schlucht der Pöllat. Der blau markierte Weg zieht nun an steilem Südhang hoch über der Pöllat zur Kammhöhe des

Schloß Neuschwanstein von der Marienbrücke

Der Hohe Straußberg vom Weg Tegelberg – Branderfleck

Tegelbergwestrückens hinauf und gewinnt dort in vielen Kehren Höhe, bei seinen Wendepunkten an den schroffen Nordabstürzen – Vorsicht! – immer wieder schöne Tiefblicke auf das Schloß bietend. Die Benutzung der abkürzenden Steigspuren auf dem Rücken ist nicht lohnend, auch zeitlich nicht, sie erfordern sicheren Tritt und sind besonders bei Nässe nicht ungefährlich. Bleiben Sie deshalb auf dem Weg, der weiter oben nach Überwindung einer Steilstufe mit einigen Sicherungsseilen auf der Südseite des Kammes entlangführt und dann auf die Nordseite überwechselt. Genau an dieser Stelle verlassen wir den Normalweg und steigen nun unmittelbar über den Westrücken auf. Ein deutliches bis zum Tegelberg durchlaufendes Steiglein zweigt noch auf der Südseite vom Hauptweg ab. Es leitet, mitunter steil, auf den Rücken empor, der weiter oben eine Anzahl schroffer Felsköpfe aufwirft. Eine niedrige kaminartige Felsstufe wird unschwierig überklettert. Das bald folgende schärfere Gratstück umgeht das Steiglein dicht unter den Felsen auf der Nordseite. Lassen Sie sich hier nicht von den auf der Grathöhe verschiedentlich erkennbaren Steigspuren irritieren. Wir erreichen schließlich das Tegelberghaus, eins der früheren königlichen Jagdhäuser, und die Seilbahnstation, beliebter und weithin bekannter Startplatz der Drachenflieger. Von hier geht es auf gutem, im oberen Teil schmalen und etwas Trittsicherheit fordernden Weg auf den felsigen Gipfelkopf des Branderschrofen.

Der Branderschrofen gilt zu Recht als hervorragender Aussichtspunkt und wird deshalb häufig besucht, wobei viele sich die Aufstiegsmühe durch die Tegelbergbahn abnehmen lassen. Schön ist der ungehinderte Blick ins Alpenvorland mit der Füssener Seenplatte. Im Südosten steht, wenig markant, unser nächtes Ziel, die Ahornspitze, an die sich links die Hochplatte mit ihren Trabanten anschließt. Im Süden ragt der Hohe Straußberg auf, den wir als Höhepunkt und Abschluß unserer Tour überschreiten wollen, mit Aufstieg über die ziemlich steile Nordflanke und Abstieg über die Südhänge.

Zunächst müssen wir zum Branderfleck, dem Sattel zwischen Branderschrofen und Ahornspitze, absteigen. Dazu benutzen wir einen schmalen Pfad, der über die einzelnen kleinen Kammköpfe nach Osten führt. Dieses kurze Gratstück ist stellenweise etwas ausgesetzt und verlangt trittsicheres Gehen. Von dem nach einigen Minuten erreichten Sattel vor einem schrofferen Gratkopf zieht der Pfad wenig fallend am Hang entlang bis zu einem schwach ausgeprägten mäßig steilen zum Branderfleck absinkenden Rücken. Hier hält sich unser Pfad, stellenweise schlecht erkennbar und mitunter in Trittspuren aufgelöst, ziemlich dicht an die steil abbrechende Ostseite des Rückens und ist deshalb nicht zu verfehlen. Wir erreichen den vom Tegelberg herüberkommenden Weg und bald darauf den Branderfleck. Wem das etwas luftige Gratstück auf dem Branderschrofen nicht behagt, steigt vom Gipfel auf dem Aufstiegsweg zum Tegelberg ab und geht dann auf dem beschilderten Normalweg zum Branderfleck, nicht so hübsch und eine Viertelstunde länger.

Vom Branderfleck folgen wir dem mit „Ahornsattel" bezeichneten Weg, von dem kurz nach Überqueren des Ahornspitzwestrückens der Steig zur Ahornspitze abzweigt. Der direkte Aufstieg über den Westrücken ist möglich, aber nicht günstig wegen sperriger Latschen und kleiner Gratschneiden, die auf der Südseite umgangen werden können. Der Normalweg führt einfacher und schneller zum Ziel. Nach einer kurzen Schrofenstufe erreichen wir den mit einem kleinen Eisenkreuz geschmückten Gipfel, von dem wir hinab ins Lobental schauen, auf die Berge der Hochplattengruppe mit der kecken Felspyramide des Geiselstein und auf den Hohen Straußberg. Deutlich erkennbar ist eine von rechts unten nach links oben ziehende grasige Rampe, über die unser Anstieg führen wird.

Auf dem bezeichneten Weg steigen wir zum Ahornsattel ab. Hier können wir über die Fortsetzung unserer Tour entscheiden. Wer auf den Hohen Straußberg verzichten möchte – es sind immerhin 270 Höhenmeter auf nicht überall deutlichen Pfadspuren zu bewältigen und der Zeitbedarf für die

Überschreitung mit Rückkehr nach Hohenschwangau beträgt 3½ bis 4 Stunden –, kann vom Ahornsattel bequem in knapp 2 Stunden zurückwandern, wobei man bald auf den vom Branderfleck herabkommenden Reitweg trifft. Wenn Sie trittsicher sind und etwas Übung im weglosen Gelände haben, wird die Überschreitung Ihnen Spaß machen. Technische Schwierigkeiten gibt es nicht, doch sollten Sie diesen Nordanstieg nur bei normalen Bodenverhältnissen angehen, keinesfalls bei Neuschnee, der die vorhandenen Pfad- und Trittspuren zudeckt.
Etwa 100 Meter hinter dem Ahornsattel zweigt von dem nach Hohenschwangau führenden Weg ein schmaler Pfad ab, der mäßig steigend an den Gipfelaufbau heranleitet. Wir verlassen diesen Pfad erst dort, wo er sich den schrofigen Steilflanken des Gipfels nähert, und wenden uns nun scharf nach links, um im Bereich einer seichten Geröllrinne, am besten an deren linkem Rand, auf Trittspuren zur schon erwähnten Rampe emporzusteigen. Hier prägen sich die Spuren zu einem deutlichen Steiglein aus, das die nun steilere Flanke in kurzen Kehren überwindet. Wir erreichen bald den Ostgrat und nach rechts in wenigen Minuten den Gipfel.
Über die größtenteils bewaldete, im Westen durch einen über 100 Meter hohen Felsabbruch begrenzte Südflanke steigen wir ins Pöllattal ab, zunächst in Latschengassen und am freien Hang, dann im Waldbereich in einer geraden in Südsüdostrichtung verlaufenden breiten Schneise, die problemlos hinableitet. Durch lichten Wald gelangen wir zur Pöllat, die wir nun überschreiten müssen. Einen Steg gibt es nicht, aber etwa 150 Meter bachaufwärts liegt eine Fichte quer über den Bach, hinter der einige größere Blöcke bei normalen Verhältnissen den trockenen Übergang ermöglichen. Sollte die Pöllat nach starken Regenfällen viel Wasser führen, heißt es halt Schuhe ausziehen und durchwaten. An dieser Stelle können wir ohne Schwierigkeit die 45 Höhenmeter zum Weg aufsteigen. Über die Bleckenau wandern wir nach Hohenschwangau zurück, wobei wir an der Bleckenau nicht die asphaltierte Straße, sondern besser den linken Weg, den sogenannten Wasserleitungsweg, benutzen, der hoch über dem Pöllattal geführt ist und unseren strapazierten Füßen besser bekommt als die harte Straße.

Aufstieg über den Gelbe-Wand-Weg

Wir beginnen unsere Tour an dem großen gebührenfreien Parkplatz der Tegelbergbahn. Am unteren Ende des Parkplatzes mündet ein breiter Weg, der wenig steigend über Wiesengelände, bald darauf im Wald am Ufer des Rautbachs entlangführt. Nach 20 Minuten weist ein Schild nach rechts zum Gelbe-Wand-Weg, der, gelb-rot markiert, in vielen kurzen Kehren zum Anfang der zwischen Torkopf (rechts) und Gelbem Wandschrofen (links) herabkommenden Schlucht emporleitet. Dabei ist eine felsige Steilstufe an guter Seilsicherung zu überwinden. Der folgende Anstieg in der Schlucht ist reizvoll, vor allem durch die herrlichen Tiefblicke zwischen den Felsabstürzen zu beiden Seiten hindurch auf das Alpen-

Geiselstein, Gumpenkarspitze, Gabelschrofen und Krähe von der Ahornspitze

vorland. Oberhalb der Schlucht treffen wir schließlich auf den von der Marienbrücke heraufkommenden Weg, dem wir nun bis zum Tegelberg folgen.

Natürlich bedingt diese Aufstiegsvariante einen etwas längeren Rückweg. Aus der Bleckenau kommend steigen wir nicht nach Hohenschwangau ab, sondern gehen Richtung Schloß Neuschwanstein. Kurz vor dem Schloß zweigt der beschilderte Weg durch die Pöllatschlucht ab. An den tosenden Wassern der Pöllat entlang wandern wir über Steinstufen und einen geländerbewehrten Holzsteg in die Ebene hinaus, folgen gleich hinter dem Schluchtausgang ein Stück der Straße und gelangen auf Wiesenwegen zu unserem Ausgangspunkt zurück.

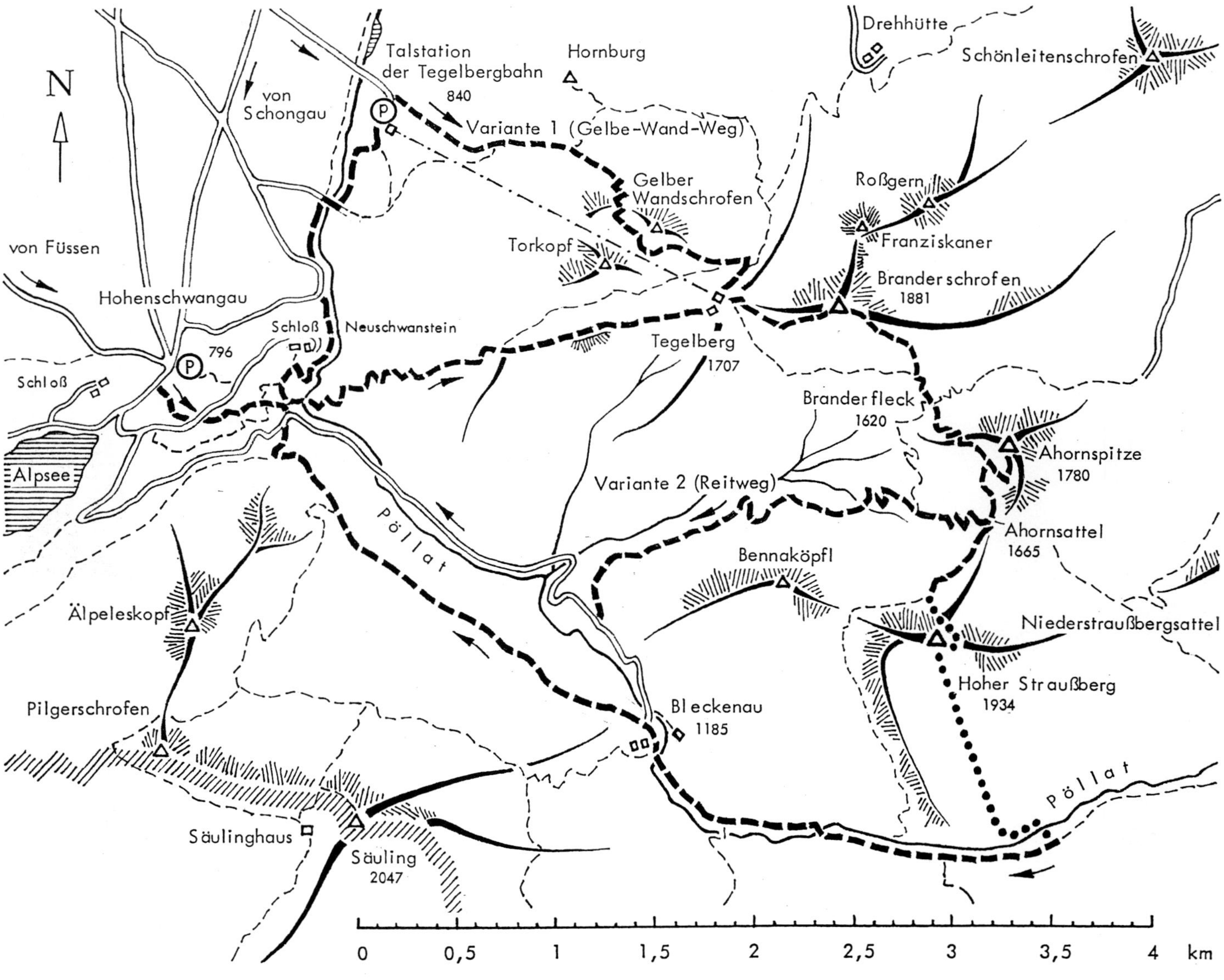
N
von Schongau
Talstation der Tegelbergbahn
840
Hornburg
Variante 1 (Gelbe-Wand-Weg)
Drehhütte
Schönleitenschrofen
Gelber Wandschrofen
Roßgern
Franziskaner
Torkopf
von Füssen
Hohenschwangau
Branderschrofen
1881
Schloß Neuschwanstein
796
Tegelberg
1707
Schloß
Branderfleck
1620
Ahornspitze
1780
Alpsee
Variante 2 (Reitweg)
Pöllat
Ahornsattel
1665
Bennaköpfl
Älpeleskopf
Niederstraußbergsattel
Hoher Straußberg
1934
Pilgerschrofen
Bleckenau
1185
Säulinghaus
Säuling
2047
0 0,5 1 1,5 2 2,5 3 3,5 4 km

Tourendaten

Ausgangsort: Hohenschwangau, 796 m
Parkplatz der Tegelbergbahn, 840 m

Geeignete Zeit: Juni bis Oktober

Gipfel: Branderschrofen 1881 m – Ahornspitze 1780 m – Hoher Straußberg 1934 m

Steighöhen und Gehzeiten:

Gesamttour		
von Hohenschwangau:	1520 m	– 7½ bis 8½ Stunden
vom Parkplatz der Tegelbergbahn:	1490 m	– 8 bis 9 Stunden
Variante 1: (Gelbe-Wand-Weg)	1490 m	– 7½ bis 8½ Stunden
Variante 2: (Reitweg)	1245 m	– 6 bis 6½ Stunden

Charakter: Abwechslungsreiche Rundtour, die am Tegelbergwestrücken und bei der Branderschrofen-Überschreitung sicheren Tritt, bei der Überschreitung des Hohen Straußbergs außerdem Orientierungssinn und etwas Übung im weglosen Gelände verlangt.

Tourenprofil mit Gehzeiten (Stunden)

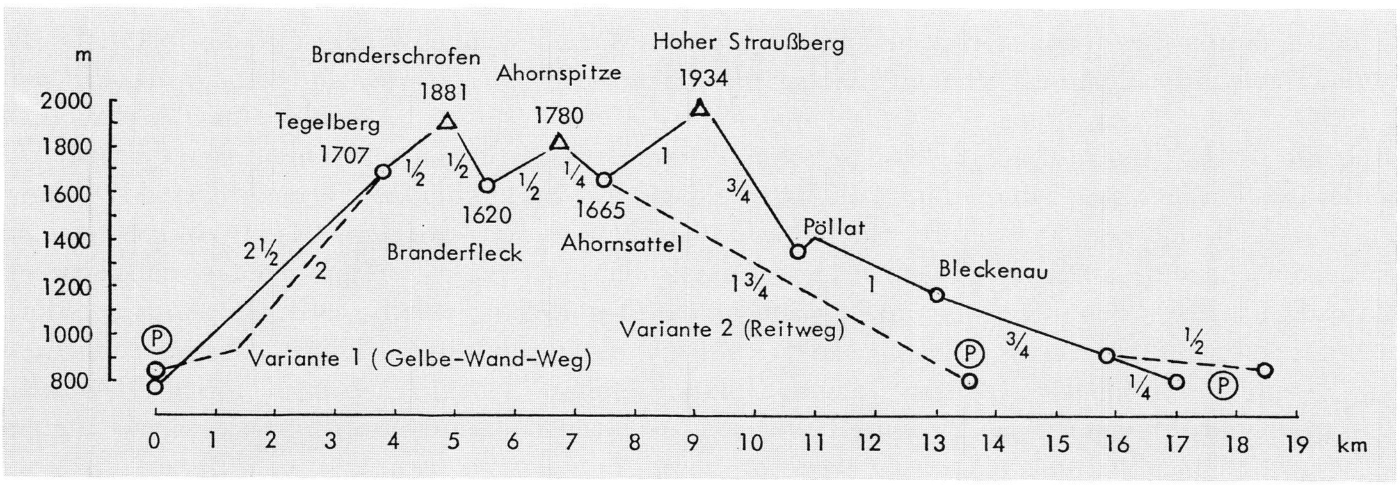

⑬

Im Ammerwaldgebiet

Die Ammergauer Alpen zwischen Lech und Loisach sind in weiten Teilen noch ein Gebirge der Stille, das nur zwei Seilbahnen in Randgebieten, die Tegelbergbahn und die Laberbahn, und nur wenige Hüttenstützpunkte aufweist. Touren im nördlichen Teil werden der kurzen Anfahrt wegen meist von Norden her angegangen, von Halblech, Buching, Hohenschwangau. Sie erfordern, wenn man nicht auf die unmittelbar am Nordrand liegenden Gipfel abzielt, einen ziemlich langen Anmarsch, es sei denn, man benutzt den Kleinbus zur zentral gelegenen Kenzenhütte. Viel attraktiver ist es jedoch, die Gipfel des nördlichen Teils von Süden, von Österreich aus, zu besteigen: Die Ausgangsbasis liegt gut 250 m höher, die in die Gebirgsgruppe hineinführenden Täler sind viel abwechslungsreicher und die Anfahrt aus dem schwäbischen Raum dauert nur unwesentlich länger.

Grattour vom Weitalpjoch zum Niederstraußbergsattel

Ausgangspunkt für diese schöne Gratwanderung, die die Ammergauer Hochplatte, die Krähe und den Niederen Straußberg überschreitet und Geübten einen Abstecher zum Gabelschrofen gestattet, ist der große gebührenfreie Parkplatz am Hotel Ammerwald dicht hinter der österreichischen Zollstelle. Man erreicht ihn über Oberammergau–Graswang–Linderhof.
Natürlich ist die Ammergauer Hochplatte dank ihrer leichten Erreichbarkeit und ihrer hervorragenden Aussicht ein sehr beliebtes Bergziel, das während der Saison häufig bestiegen wird. Im Oktober sieht das schon anders aus, da wird auch der die Stille Suchende voll auf seine Kosten kommen. Die Fortsetzung der Grattour über die Krähe hinaus zum Niederstraußbergsattel ist zu jeder Jahreszeit einsam.
Vom Parkplatz wandern wir auf der Straße ein Stück zurück in Richtung Linderhof. Nach 7 Minuten zweigt nach links ein unbeschilderter Waldweg ab, dem wir folgen. Ein zuerst breiter, bald darauf schmaler Pfad führt in das tief eingeschnittene Roggental hinein, überquert den Roggenbach, windet sich am Steilhang empor, quert nochmals auf die andere Bachseite und strebt dem von der

Die Hochplatte vom Gabelschrofen

wuchtigen Südflanke der Hochplatte gebildeten Talschluß zu. Beim Rückblick talwärts bieten die steil emporragenden Geierköpfe ein eindrucksvolles Bild, zu dem sich, je höher wir kommen, die Gipfel der südlichen Ammergauer gesellen, vor allem Plattberg und Kohlbergspitze. Im Talschluß teilt sich der Weg: der linke führt zur Roggentalgabel zwischen Hochplatte und Hochblasse, der rechte unter den Abbrüchen der Hochplatte in vielen Kehren zu unserem nächsten Ziel, dem Weitalpjoch zwischen Hochplatte und Weitalpspitze. Dort haben wir erstmals einen Blick zur Ostseite hin, auf den Kamm Vorderer Scheinberg–Lösertalkopf–Scheinbergspitze. Links wölbt sich der langgestreckte Ostgrat der

Kleine Kletterstelle am Westgrat der Hochplatte

Hochplatte empor. Auf schmalem Hangweg erreichen wir ein latschendurchzogenes „Karrenfeld", das mit seinen ausgewaschenen Steinrücken und Spalten ein wenig an das Steinerne Meer erinnert. Man kann sich hier an die rote Markierung halten oder den günstigsten Übergang selbst suchen. Steil führt der Weg dann über Schrofen und Geröll zur Grathöhe hinauf. Die Steigmühe wird durch einen schönen Blick ins Alpenvorland belohnt. Weit dehnt sich der Forggensee, links steilt der markante helle Kalkzahn des Geiselstein empor, tief unten der weite Boden des Wankerflecks, der Kenzenkopf mit seinem scharfen Gipfelgrat und die Kenzennadeln. Das schon lange sichtbare Kreuz der Hochplatte ist nun

greifbar nahe gerückt. Der Grat, zuerst schmal und mit Geländerseil gesichert, führt ohne Schwierigkeiten in 15 Minuten zum Ostgipfel mit Kreuz und Gipfelbuch und zum etwas höheren Westgipfel.
Es wäre kaum möglich, das weite Gipfelrund zu erläutern, das an klaren Tagen von der Hochplatte als dem höchsten Gipfel der nördlichen Ammergauer sichtbar ist. Nur folgendes sei erwähnt: Beherrschend stehen im Südosten Kreuzspitze und Geierköpfe im mittleren Teil unserer Gebirgsgruppe. Im Südwesten, nicht sehr hervortretend, die sanften Pyramiden von Kreuzkopf und Alpelskopf und der lange vom Kreuzkopf nach rechts ziehende Altenberggrat, denen die zweite Tourenbeschreibung gilt. Und dann, auf der Nordseite der Hochplatte, das eindrucksvolle Gipfeltrio Gabelschrofen, Gumpenkarspitze und Geiselstein über dem Gumpenkar, letzterer ein Dorado der Kletterer mit schwierigsten Anstiegen. An den Gabelschrofen schließt sich links, getrennt durch den scharf eingeschnittenen Gabelschrofensattel, die von Süden mäßig steil ansteigende, nach Norden fast senkrecht abbrechende Krähe an, unser nächstes Gipfelziel.
Über den stellenweise scharfen, mit einigen hübschen, teils seilversicherten kleinen Kletterstellen aufwartenden Westgrat der Hochplatte steigen wir zum „Fenster“ ab, zwei tunnelartigen Öffnungen im Fels an der Scharte zwischen Hochplatte und Krähe. Durch das rechte Loch führt ein Steig hinab ins Gumpenkar. Wir setzen unsere Gratwanderung fort und erreichen auf schmalem Pfad südlich unterhalb der Grathöhe ohne Schwierigkeit den Krähengipfel, 2012 m. Der Abstieg zur nächsten Scharte ist kurz. Von hier besteht die Möglichkeit, auf markiertem Steig durch eine Rinne in wenigen Minuten zum Gabelschrofensattel abzusteigen und den Gabelschrofen „mitzunehmen“. Der Anstieg durch die steile unmittelbar vom Sattel emporziehende, scharf eingeschnittene Rinne bietet reizvolle, allerdings mäßig schwierige Kletterei (II), die geübten Kletterern vorbehalten ist (Aufstiegszeit ¼ bis ¾ Stunde je nach Übung und Sicherungstechnik). Man sollte den Gabelschrofen nur mit Seilsicherung angehen, obwohl er häufig auch ohne Sicherung gemacht wird. Die schwierigsten und steilsten Stellen befinden sich im unteren Teil der Rinne. Oberhalb leiten begrünte Bänder, Steilschrofen und eine weitere Rinne zum Gipfelkreuz von 1965 mit Buch. – Vom Gabelschrofensattel kann man in einer guten halben Stunde auf markiertem Weg zum Niederstraußbergsattel absteigen.
Viel schöner ist es jedoch, wieder zur Scharte an der Krähe aufzusteigen und die Gratwanderung fortzusetzen, denn das nun folgende Stück ist der hübscheste Teil der ganzen Tour, einsam, mitunter etwas luftig, aber ohne Schwierigkeiten. Vom Gratrücken nach der Scharte bietet sich der Gabelschrofen als ein 75 Höhenmeter über dem Sattel aufragender Felsturm dar; sehr gut kann man von hier aus die Aufstiegsroute durch die Steilrinne verfolgen. Ein letzter Blick zurück ins Gumpenkar, auf Gumpenkarspitze und Geiselstein, dann knickt unser Grat ein Stück nach Süden ab. Trittspuren führen meist unmittelbar auf der Grathöhe oder etwas links unterhalb zu einem Felsköpfl, wo der Grat wieder nach Westen abbiegt. Es folgt ein messerscharfes, nach rechts senkrecht abfallendes Gratstück, das links auf Trittspuren etwa 12 m unterhalb der Grathöhe umgangen wird. Ein breiter Rücken führt hinab in

Der Krähengipfel von Westen

eine flache Einsenkung, und kurz darauf erreichen wir den Niederen Straußberg, 1877 m. Sein höherer Bruder, der Hohe Straußberg, und der dahinterliegende Säuling sowie die Tannheimer Berge links davon bieten bei dieser Gratwanderung ein eindrucksvolles Bild. Der Grat fällt nun rasch nach Westen ab. Der stellenweise schmale schrofige Kamm verlangt unsere Aufmerksamkeit. Wir folgen ihm, bis er unmittelbar hinter einer steileren Stelle in einen breiten Latschenrücken übergeht. Hier biegen wir scharf nach rechts ab und erreichen über eine Latschengasse auf Trittspuren gleich darauf den vom Gabelschrofensattel herabkommenden Weg. Nach einer nach links ausholenden Kehre sind wir am Niederstraußbergsattel. Von hier führt nach links ein beschilderter, bequemer, nach der langen Tour als

Das scharfe Gratstück zwischen Krähe und Niederem Straußberg, das links umgangen wird

sehr angenehm empfundener Weg zur Jägerhütte (unbewirtschaftet) und einer wenige Meter abseits gelegenen Alphütte, wo man sich in den Sommermonaten an frischer Milch und Saftwasser erquicken kann, und weiter durch schönen Wald auf gutem Weg, dem Schützensteig, zum Parkplatz.
Man kann diese Rundtour natürlich auch in umgekehrter Richtung machen. Die gesamte Gehzeit – 6½ bis 7 Stunden ohne Mitnahme des Gabelschrofen – ist die gleiche, aber in der beschriebenen Richtung ist sie wegen der prächtigen Ausblicke bei der Gratwanderung ab der Krähe ungleich schöner, nach dem Aufstieg zur Hochplatte hat man die größte Steigmühe bereits hinter sich, und der gepflegte Abstiegsweg vom Niederstraußbergsattel wird von den strapazierten Knien dankbar begrüßt. Beim Aufstieg vom Niederstraußbergsattel muß man darauf achten, daß man den Anstieg zur Grathöhe richtig erwischt: 120 Meter nach Ende der großen Kehre führt die Latschengasse scharf rechts zum Gratansatz empor.

Alpelskopf, Kreuzkopf und Altenberggrat

Diese sehr hübsche und empfehlenswerte Tour hat als Ausgangspunkt wieder den Parkplatz am Hotel Ammerwald. Besonders lohnend ist der Abstieg vom Kreuzkopf über den Altenberggrat, der schöne Ausblicke auf das Lechtal und die Tannheimer Gruppe gewährt.
Wir verlassen den Parkplatz am oberen Ende. Ein breiter Weg führt in wenigen Minuten zum Talrand. Auf dem hier beginnenden Schützensteig geht es in angenehmer Steigung, später an einem hübschen Wasserfall vorbei, in einer Stunde auf den weiten grünen Boden, auf dem die Jägerhütte liegt. Dort, wo das Gelände leicht zu der schon sichtbaren Hütte hin abzufallen beginnt, zweigt links ein nicht bezeichneter Weg ab, der in 30 Minuten zur Hirschfängalm führt. Nach Überqueren eines Bachbettes erreichen wir den Ostrücken des Alpelskopfs, von dem aus der Blick nach Süden frei wird. Wir sehen die Zugspitze und den südlichen Teil der Ammergauer Alpen. Der Weg führt am Südhang des Alpelskopfs weiter zum Kuhkarjoch, dem Sattel zwischen Alpelskopf und Kreuzkopf. Wir steigen jedoch auf Trittspuren durch lichte Latschen auf dem Ostrücken direkt zum Gipfel auf und, nach aussichtsreicher Gipfelrast, auf deutlichem Steig zum Kuhkarjoch ab.

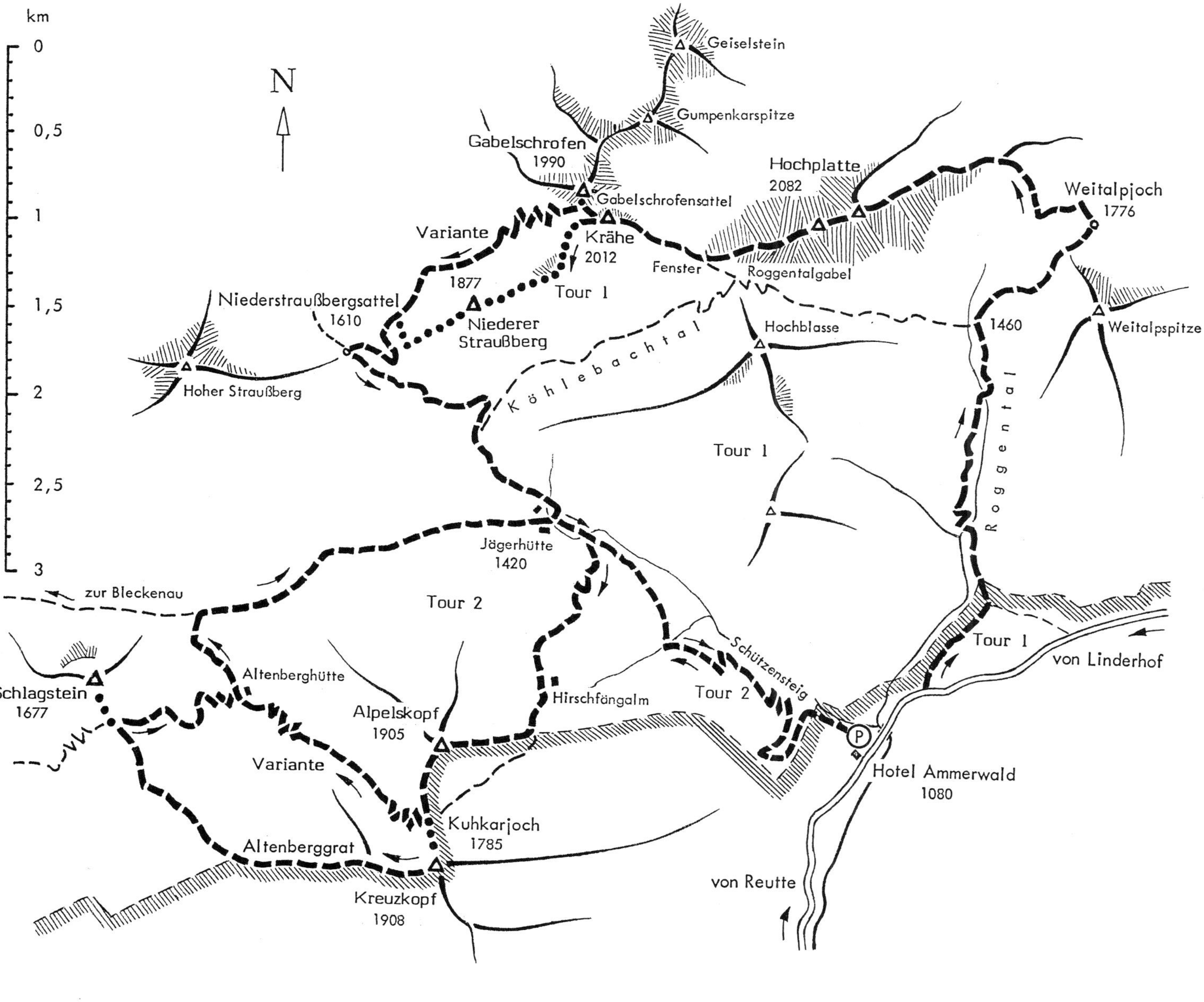
km
0
0,5
1
1,5
2
2,5
3
N
Geiselstein
Gumpenkarspitze
Gabelschrofen
1990
Gabelschrofensattel
Hochplatte
2082
Weitalpjoch
1776
Variante
Krähe
2012
Fenster
Roggentalgabel
1877
Tour 1
Niederstraußbergsattel
1610
Niederer
Straußberg
Hochblasse
1460
Weitalpspitze
Hoher Straußberg
Köhlebachtal
Roggental
Tour 1
Jägerhütte
1420
zur Bleckenau
Tour 2
Tour 1
von Linderhof
Schützensteig
Altenberghütte
Schlagstein
1677
Alpelskopf
1905
Hirschfängalm
Tour 2
P
Variante
Hotel Ammerwald
1080
Kuhkarjoch
1785
Altenberggrat
Kreuzkopf
1908
von Reutte

Sehr schön ist die Fortsetzung der Tour über den Kreuzkopf. Der Anstieg über den Nordrücken erfordert Trittsicherheit. Die anschließende Wanderung über den langen, mitunter schmalen Altenberggrat ist der schönste Teil dieser Tour. Er bietet prächtige Ausblicke vor allem nach Südwesten ins Lechtal hinein. Seine Begehung auf deutlichem Pfad über einige Köpfe hinweg macht keine Schwierigkeiten. Zum Abschluß kann man nach einer Einsattelung, dem Schlagsteinsattel, die noch 80 Höhenmeter zum Schlagstein aufsteigen, eine bewaldete, nach Norden ins Pöllattal steil abfallende Kuppe mit neuem Gipfelkreuz, von der man einen schönen Blick auf den Säuling und hinunter zur Bleckenau hat. Trittspuren weisen hinauf. Beim Abstieg gehen wir zum Schlagsteinsattel zurück. Von dort führt ein bezeichneter Weg hinab zur Altenbergalm; über die Jägerhütte wandern wir zum Parkplatz hinaus.
Statt Kreuzkopf und Altenberggrat zu überschreiten, kann man vom Kuhkarjoch auf gutem Weg zur Altenbergalm wandern und durch das hübsche Tal des Altenbergbachs zum Weg im Pöllattal und über die Jägerhütte nach Ammerwald zurückkehren.

Tourendaten

Ausgangsort:	Parkplatz am Hotel Ammerwald – 1080 m
Geeignete Zeit:	(Mai) Juni bis Oktober (November)

Tour 1

Gipfel:	Hochplatte 2082 m – Krähe 2012 m – Niederer Straußberg 1877 m – Variante Gabelschrofen 1990 m	
Steighöhen und Gehzeiten:	Vollständige Gratbegehung:	1130 m – 6½ bis 7 Stunden
	Variante: Abstieg über Gabelschrofensattel:	1090 m – 6 bis 6½ Stunden
	mit Besteigung des Gabelschrofen:	1165 m – 7 bis 8 Stunden
Charakter:	Landschaftlich reizvolle und aussichtsreiche Gratwanderung, die am Westgrat der Hochplatte und auf dem Gratstück zwischen Krähe und Niederstraußbergsattel stellenweise Trittsicherheit und Schwindelfreiheit erfordert. Mit Ausnahme dieses Gratstücks, das bei Abstieg über den Gabelschrofensattel umgangen werden kann, gute markierte Wege und Steige. Die Besteigung des Gabelschrofen (nur als Möglichkeit angedeutet) erfordert Kletterfertigkeit und völlige Schwindelfreiheit (mäßig schwierig, II, Seilsicherung!)	

Tourenprofil mit Gehzeiten (Stunden)

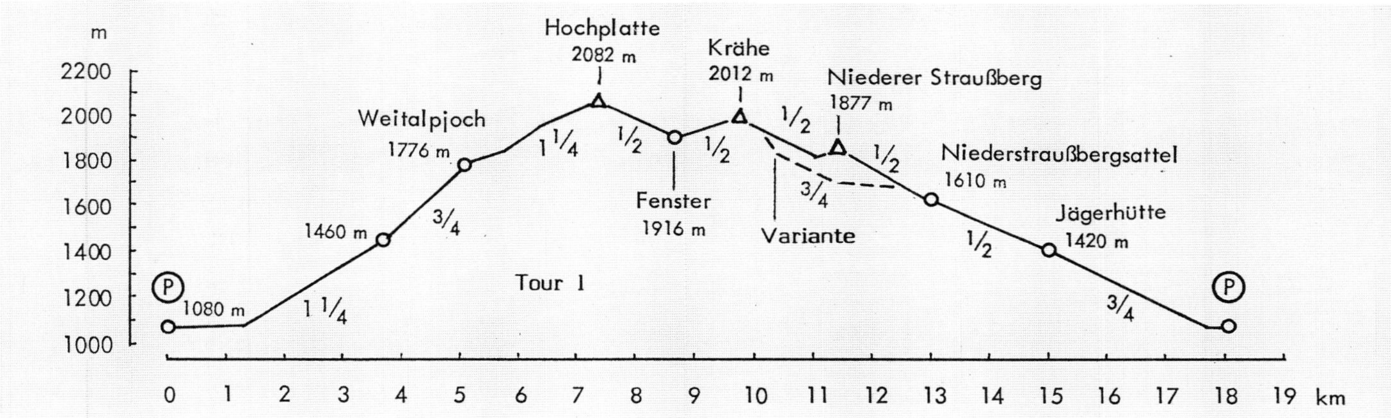

Tour 2

Gipfel:	Alpelskopf 1905 m – Kreuzkopf 1908 m – Altenberggrat – Schlagstein 1677 m
Steighöhen und Gehzeiten:	Vollständige Grattour: 1160 m – 6 bis 6½ Stunden Variante: Abstieg vom Kuhkarjoch über Altenberghütte: 920 m – 5 bis 5½ Stunden
Charakter:	Alpelskopf leicht. Für Aufstieg vom Kuhkarjoch zum Kreuzkopf Trittsicherheit erforderlich. Die Wanderung vom Kreuzkopf auf deutlichem Steig über den Altenberggrat zum Schlagstein ist leicht, landschaftlich sehr schön und aussichtsreich.

Tourenprofil mit Gehzeiten (Stunden)

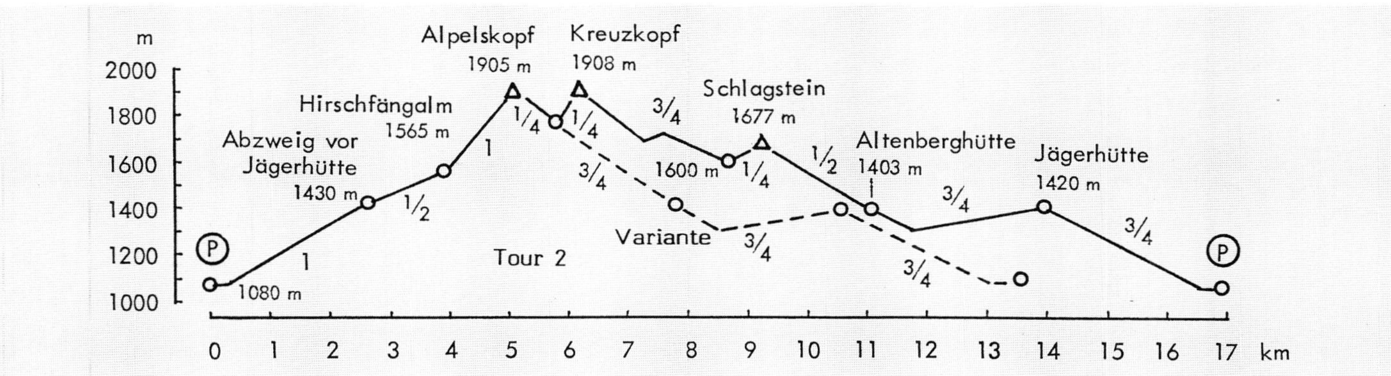

⑭

Kammwanderung ums Kühalmbachtal

Von der Notkarspitze zur Kieneckspitze

Diese abwechslungsreiche Rundtour im Ostteil der Ammergauer Alpen bietet lohnende Gipfelziele und schöne Ausblicke vor allem auf das Zugspitzmassiv. Die Gipfelhöhen liegen etwas unter 2000 Metern, so daß die beschriebene Tour bei normalen Verhältnissen auch im Spätherbst noch durchgeführt werden kann – wenn man zeitig genug aufbricht.
Unsere Kammwanderung verläuft in einem weiten Bogen hufeisenförmig um das Kühalmbachtal, ein Seitental des Graswangtals. Sie ist bei Begehung der Gesamtroute lang und anstrengend und überschreitet insgesamt acht mehr oder weniger ausgeprägte Gipfel von der Notkarspitze zur Kieneckspitze. Sie führt über deutliche, großenteils markierte Wege und Steige und erfordert nur im letzten Teil, vom Kienjoch zur Kieneckspitze und beim Abstieg über deren Nordgrat und Nordostrücken, ein gewisses Maß an Trittsicherheit und Schwindelfreiheit. Dieser letzte Teil der Tour läßt sich aber, wie später beschrieben, leicht umgehen.
Ausgangspunkt ist die idyllisch gelegene Ettaler Mühle, die man von Oberammergau her, dicht vor Ettal auf die mit „Linderhof“ beschilderte Straße abbiegend, erreicht. Hier stehen geräumige Parkplätze zur Verfügung.
Unser erstes Ziel ist die Notkarspitze, ein beliebter, von mehreren Seiten leicht zugänglicher Aussichtsberg. Gleich vom hinteren Parkplatz führt ein beschilderter Weg in den Wald hinein, der nach 100 Metern in einen „Rundwanderweg“ mündet. Kurz danach zweigt nach links, gleichfalls beschildert und weiß-rot markiert, ein schmaler Steig ab, der steil, an einigen schrofigen Stellen drahtseilversichert, in der Nordflanke der Notkarspitze emporzieht, nach Erreichen des Nordrückens zum unteren Rand des unter dem Gipfel eingelagerten Notkars quert, sich hier nach Westen wendet und über den Nordgrat den breiten Gipfel gewinnt. Er bietet umfassende Aussicht auf das Wettersteingebirge, das sich über dem langgestreckten Kamm des Kramer und dem nahen Brünstelskopf erhebt, und gibt einen Überblick über alle Gipfel unserer Rundtour. Über dem mittleren Teil im Südwesten steht der auffallende Doppelgipfel von Friederspitz und Frieder, und rechts davon schaut der markante Felsaufbau der Kreuzspitze, des höchsten Gipfels des Zentralteils der Ammergauer Alpen, über Kienjoch und Kien-

Ausgangspunkt der Tour: Die Ettaler Mühle im Frühlicht

eckspitze hervor. Und noch etwas Wichtiges sehen wir: den breiten Forstweg, der an den Südosthängen der Kieneckspitze entlang oberhalb des Kühalmbaches in den hinteren Talgrund führt und unsere hufeisenförmige Gebirgsgruppe gewissermaßen erschließt, denn er bildet eine gute Möglichkeit zur Rückkehr, wenn wir unsere Tour unterwegs abbrechen wollen oder wegen ungünstigen Wetters abbrechen müssen. Die Karte zeigt die verschiedenen Abstiege auf.

Über den Südwestrücken der Notkarspitze steigen wir, im mittleren Teil an hübschen Felsbildungen vorbei, in einen weiten Sattel ab. Wer sich mit der Notkarspitze begnügt, kann hier nach rechts auf einem mit „Graswang" beschilderten, markierten, aber nicht sehr deutlichen Pfad zum Forstweg absteigen, was allerdings Verzicht auf eine aussichtsreiche und reizvolle Kammwanderung bedeutet, die zunächst auf den vor uns liegenden Brünstelskopf führt. Über den mäßig steilen Nordrücken erreichen wir auf Pfadspuren in einer knappen halben Stunde den latschenbewachsenen Gipfel und steigen durch ein Türchen am Südwestrücken zum nächsten Sattel ab. Auch hier besteht eine Abstiegsmöglichkeit zum Forstweg.

Dicht hinter dem Sattel gabelt sich der Steig. Wir folgen dem rechten, der steil auf einen kleinen Kopf und, immer auf der Kammhöhe, mitunter von Latschen bedrängt, auf den Großen Zunderkopf führt. Von der wenig ausgeprägten Kuppe erreichen wir bald den etwas höheren Vorderen Felderkopf.

Unser nächstes Ziel ist der Windstierlkopf, der den äußersten Eckpunkt unserer Rundtour bildet. Zunächst am Rücken, dann über das sanft geneigte Plateau unterhalb des kaum über den Kamm sich erhebenden Felderkopfs gelangen wir auf schwachen Spuren zum Sattel vor dem Windstierlkopf. Hier windet sich der nun wieder deutlichere Pfad durch Latschen zur Kammhöhe etwas unterhalb des Gipfels, den man rechts abzweigend auf einem Steiglein in einer Minute erreicht. Dieses benützen wir auch zum Abstieg. Lassen Sie sich keinesfalls durch die Trittspuren verleiten, am nach Osten steil abfallenden Gipfelgrat weiterzugehen. Sie führen zu den schroffen, brüchigen Felsrinnen der Nordostflanke des Windstierlkopfs. – Unser Weg zieht in kurzen Kehren durch den latschenbewachsenen

Am Südwestrücken der Notkarspitze. Jenseits des Tals Kienjoch und Kieneckspitze

Vorderfelderkopf und Geißsprüngkopf vom Kienjoch

Nordhang zu einer ausgeprägten Scharte, und wir erreichen in wenigen Minuten die Einsattelung vor dem Geißsprüngkopf, von der wir zum Forstweg absteigen können. Der deutliche Pfad ist in der Karte und im Tourenprofil mit „Variante“ gekennzeichnet. An dieser Stelle müssen wir entscheiden, ob Kraft und Zeit eine Fortsetzung der Tour über Kienjoch und Kieneckspitze zulassen. Wir müssen von hier bis zur Ettaler Mühle mit etwa vier Stunden Gehzeit rechnen. Diese Gratwanderung ist der anspruchsvollste Teil der ganzen Tour, wobei insbesondere der Nordgrat der Kieneckspitze trittsicheres Gehen verlangt.
Vor uns liegt ein kleiner Aufschwung, den wir entweder auf Trittspuren direkt angehen oder, einige Meter auf dem „Variantenweg“ absteigend und dann auf dem Pfad nach links wieder ansteigend, umgehen können. Der Steig folgt weiter dem Rücken bis zum Geißsprüngkopf, einem unbedeutenden Vorkopf des Kienjochs, das von hier schnell erreicht ist. Wir befinden uns nun auf dem höchsten Punkt unserer Tour.
Trittspuren führen die wenigen Höhenmeter zur flachen Einsenkung vor der Kieneckspitze hinunter, dann schlängelt sich der nun deutlichere Steig zwischen kleinen Felsköpfen hindurch, zieht über gutgestuften Fels auf einen Vorkopf und gewinnt schließlich links der Grathöhe und über eine kleine Felsstufe den Gipfel, der nach Nordosten steil abbricht. Den Abbruch westlich umgehend ist das Steiglein nun immer im Bereich des teils latschenbewachsenen, teils schrofigen Grats geführt. Nach Überschreitung eines Kopfs und steilem Abstieg im Geröll wird der Weg zahmer. Er folgt nun durch Gras und Wald dem Nordostrücken. Er war im unteren Teil nach den Wirbelstürmen zunächst ungangbar, ist aber im Sommer 1991 wieder so weit freigesägt worden, daß er problemlos begehbar ist. Unser Steig erreicht schließlich, dem steilen Abfall des Rückens nach links ausweichend, den mehrmals erwähnten Forstweg. Wir überqueren ihn, steigen über den Zaun auf der dafür vorgesehenen Leiter und gelangen auf dem stellenweise nicht sehr deutlichen Pfad bald auf den breiten, talauswärts nach Graswang führenden Weg. Nach einigen Minuten stoßen wir auf den „Rundwanderweg Ettal – Linderhof“, dem wir nach rechts folgen. Hinter der Straße weist uns ein Schild „Ettal über Ettaler Mühle“ den Weg zum Ausgangspunkt.
Wesentlich kürzer und einfacher als diese Gratüberschreitung ist der Abstieg vom Sattel vor dem Geißsprüngkopf über den Forstweg. Wir müssen hier mit 2½ Stunden bis zur Ettaler Mühle rechnen. Der letzte Teil des Weges ist mit dem Gratabstieg identisch.
Statt des Forstweges gibt es von der Kuhalmdiensthütte ab noch eine andere Abstiegsmöglichkeit, nämlich durch den Talgrund des Kühalmbachs. Das hinter der Hütte beginnende Steiglein ist ausreichend markiert und nicht zu verfehlen. Allerdings muß man mehrmals den Bach überqueren, was bei hohem Wasserstand nicht immer ganz einfach ist. Im unteren Abschnitt umgeht der Steig die Klamm mit einigen Seilsicherungen links am Hang und erreicht schließlich über Holzstege den breiten Talweg. – Eine landschaftlich reizvolle und abwechslungsreiche Abstiegsvariante.

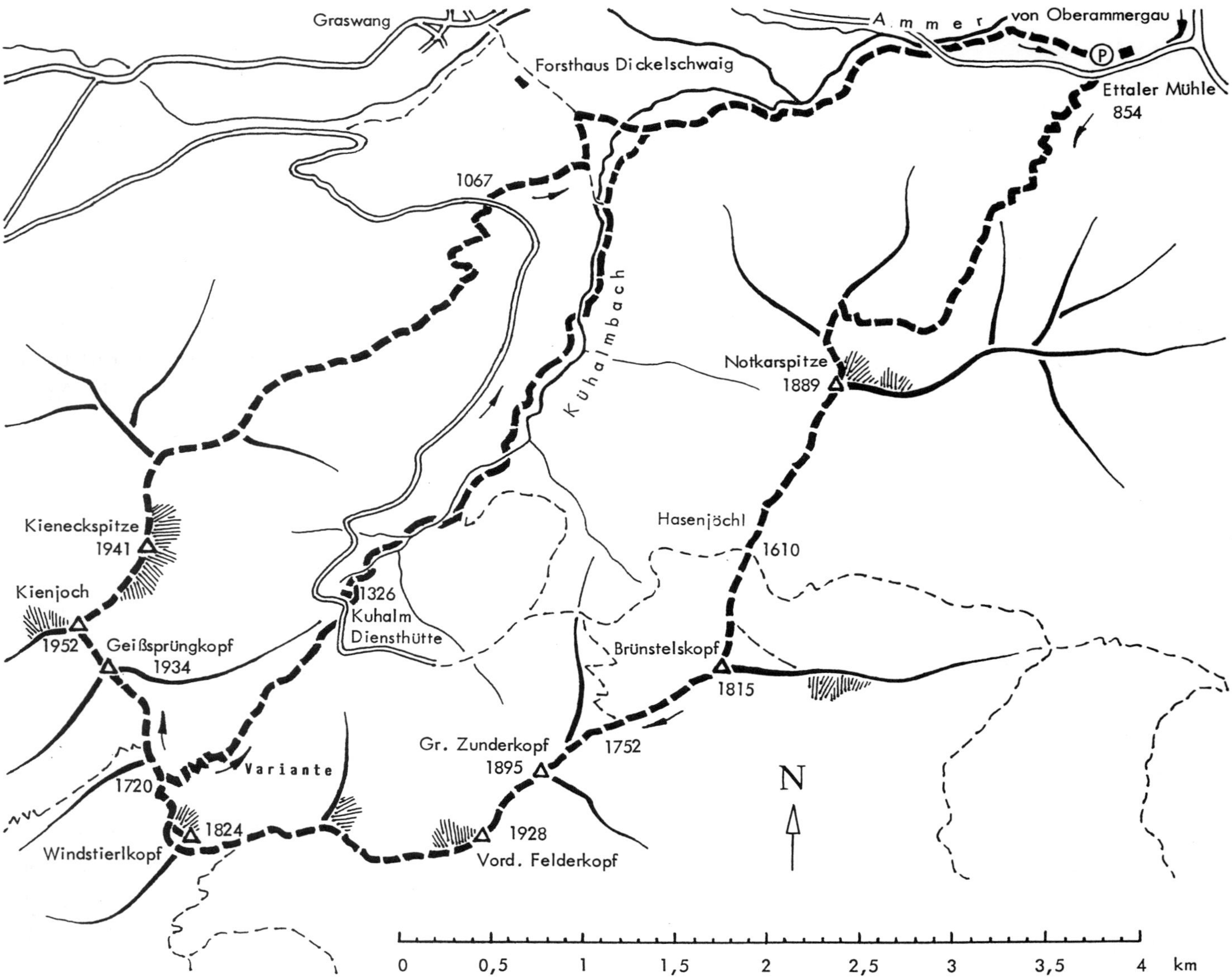
Graswang
Ammer
von Oberammergau
Forsthaus Dickelschwaig
Ettaler Mühle
854
1067
Kuhalmbach
Notkarspitze
1889
Kieneckspitze
1941
Hasenjöchl
1610
Kienjoch
1952
1326
Kuhalm
Diensthütte
Geißsprüngkopf
1934
Brünstelskopf
1815
1752
Gr. Zunderkopf
1895
1720
Variante
N
1824
Windstierlkopf
1928
Vord. Felderkopf
0
0,5
1
1,5
2
2,5
3
3,5
4
km

Tourendaten

Ausgangspunkt: Ettaler Mühle – 854 m

Geeignete Zeit: Juni bis Oktober (November)

Gipfel: Notkarspitze 1889 m – Brünstelskopf 1815 m – Gr. Zunderkopf 1895 m – Vord. Felderkopf 1928 m – Windstierlkopf 1824 m – Geißsprüngkopf 1934 m – Kienjoch 1952 m – Kieneckspitze 1941 m

Steighöhen und Gehzeiten: Gesamte Tour: 1820 m – 9 bis 10 Stunden
Ohne Geißsprüngkopf, Kienjoch und Kieneckspitze: 1520 m – 7½ bis 8½ Stunden

Charakter: Reizende Kammwanderung auf größtenteils markierten Wegen und Steigen, von der Notkarspitze bis zum Kienjoch leicht, beim Übergang zur Kieneckspitze und beim Abstieg auf deren Nordrücken etwas Übung im Schrofengelände erforderlich. Auch hier Steig oder Steigspuren. Begehung der Gesamtroute anstrengend.

Tourenprofil mit Gehzeiten (Stunden)

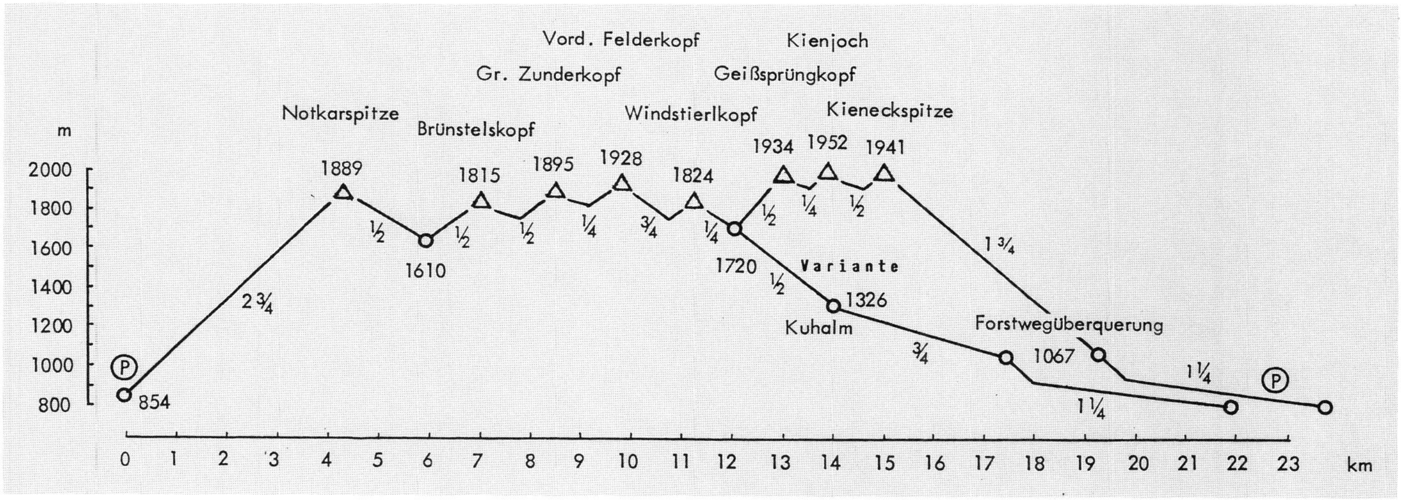

⑮

Danielkamm

Von der Kohlbergspitze zum Plattberg

Die südliche höchste Kette der Ammergauer Alpen, der Danielkamm, bietet eine außerordentlich reizvolle Grattour, die zu den interessantesten, aber auch anspruchsvollsten Touren dieses Buches gehört. Es handelt sich um eine Kammüberschreitung von der Kohlbergspitze über Zahn, Kesseljoch und Pitzenegg (Pitzeneck) zum Plattberg, die Trittfestigkeit und Schwindelfreiheit erfordert, weil der nach Norden steil abbrechende Kamm stellenweise schmal und ausgesetzt ist und mit einigen kurzen, doch leichten Kletterstellen aufwartet, die allerdings meist umgangen werden können. Ausgangsorte für diese Rundtour sind Bichlbach und neuerdings auch Lähn in der Talsenke zwischen Reutte und Lermoos. Beide Aufstiegsvarianten sind in der Karte eingezeichnet.
In Bichlbach parken wir am besten im Bereich der Kirche, von der ein Sträßlein bergwärts zum Ansatz des markierten, in kurzen Kehren ziemlich steil emporziehenden Aufstiegswegs führt. Auch am nahen Bahnhof besteht Parkmöglichkeit, wobei man nach hundert Metern am Bahndamm entlang auf den Weg trifft. Nach 1¼ Stunden erreichen wir eine flache Schulter, den sogenannten Nötsche. Hier befand sich bis 1989 ein Bauplatz als Fußpunkt einer provisorischen Materialseilbahn zum Bau umfangreicher Lawinenschutzgitter unterhalb des Gipfels der Kohlbergspitze. Von dort, damals noch ungeschützt, war im Januar 1985 eine mächtige Lawine abgegangen, die eine breite Schneise in den tiefer gelegenen Bergwald riß und die Hochspannungsleitung am Rand von Bichlbach zerstörte. Das soll künftig ausgeschlossen sein. Für uns bietet der Bau der Schutzgitter den Vorteil, daß zum Nötsche eigens ein guter, natürlich für Privatfahrzeuge nicht benutzbarer Fahrweg gebaut wurde, der den Aufstieg von Lähn zum Nötsche und damit zur Kohlbergspitze ermöglicht. Er ist zwar eine Viertelstunde länger als von Bichlbach, aber wegen der gleichmäßigen günstigen Steigung weniger anstrengend und zudem sehr aussichtsreich. Der Aufstieg von Lähn bietet darüber hinaus den Vorteil, daß am Ende der Rundtour der Rückweg von Lähn nach Bichlbach entfällt, so daß die Tour insgesamt eine halbe Stunde kürzer wird.
In Lähn, das 1456 und 1689 von Lawinen zerstört wurde und davon auch seinen Namen hat (Lahn, Lähne – Lawine), bestehen Parkmöglichkeiten gleich am Ortseingang. Hier führt ein Fahrweg nach

Die Gipfel der Grattour vom Ostrücken der Kohlbergspitze. Von vorn: Zahn, Kesseljoch, Pitzenegg und Plattberg

Am Gipfelkamm der Kohlbergspitze. Links vom Kreuz der Taneller

Norden über die Bahngleise. Er mündet in den beschilderten „Höhenweg Bichlbach", dem wir bis zu seinem höchsten Punkt vor einer breiten Lawinenbahn folgen. Dort zweigt nach rechts der neuerbaute Fahrweg ab, der in einer einzigen, weit ausholenden Kehre zum Nötsche zieht, wo er mit dem von Bichlbach kommenden Steig zusammentrifft. Von hier geht es durch schönen Fichtenwald, immer deutlich markiert, am Schluß über den freien Gipfelhang zur Kohlbergspitze mit ihrem großen Kreuz. Verschiedentlich wird der Gipfel mit Zigerstein (Zingerstein) bezeichnet. Dies ist jedoch ein westlich vorgelagerter Felsturm mit Kreuz, der vom Tal aus sichtbar ist. Er läßt sich auf einem unweit vom Nötsche abzweigenden Steiglein erreichen.

Wir gehen nun unsere lange Kammwanderung an. Bis zum Plattberg muß man bei Besteigung aller Gipfel mit 4 Stunden rechnen, bei Umgehung von Zahn und Kesseljoch mit 3¼ Stunden. Schöner ist es jedenfalls, die Kammhöhe soweit möglich beizubehalten, über die meist deutliche Steigspuren führen. Während der ganzen Überschreitung bieten sich immer wieder Einblicke in die steilen Abbrüche der Nordseite, der Heiterwanger See grüßt herauf, wir schauen auf den Ehrwalder Talkessel mit den darüber aufragenden Mieminger Bergen und auf die Gipfel der östlichen Lechtaler Alpen im Süden. – Die erste grasige Kammerhebung an der Kohlbergspitze wird rechts umgangen, die zweite überschritten, dann geht es auf dem teils grasigen, teils schrofigen Grat, der sich stellenweise zusammenschnürt und daher vorsichtiges Gehen verlangt, über einige kurze Kletterstellen zur Scharte vor dem Zahn hinab. Sie sind leicht, können aber auch, bis auf die erste, einige Meter rechts umgangen werden. Das gleiche gilt für die Platten kurz vor der Scharte, die bei trockenem Fels indessen gut gangbar sind. An der Scharte bäumt sich nun der Grat in einer etwa 20 Meter hohen Felsstufe am Zahn vor uns auf. Wir umgehen sie auf Spuren im Geröll unterhalb der Felsen, streben aber so bald wie möglich, uns scharf links wendend, auf grasigen, die ganze Flanke durchziehenden Geröllbändern wieder der Kammhöhe zu und erreichen dort gleich darauf den Zahngipfel. Einfacher ist es, das Kar noch weiter zu queren bis zu einer kleinen, über gut gestuftes Gras leicht zu ersteigenden Einsattelung und hier nach links über den Südostkamm zum Gipfel aufzusteigen.

Wer auf den Zahn und den nächsten Gipfel, das Kesseljoch, verzichten, das heißt den schwierigsten Teil der Grattour umgehen möchte, steigt von der erwähnten kleinen Einsattelung auf deutlichen Pfadspuren zu dem welligen, das Kar „Kessel" begrenzenden grünen Boden 100 Höhenmeter ab. Hier wendet man sich nach links und geht mit nur geringer Höhenänderung bis zum Südrücken des Pitzenegg. Auf dem Rücken leitet ein gelb-rot markiertes Steiglein ohne Schwierigkeit zum Gipfel.

Wenn wir den Kamm vom Zahn aus weiter begehen, stoßen wir nach einigen Minuten auf einen Abbruch. Zu seiner Überwindung gibt es mehrere Möglichkeiten: Die kürzeste, allerdings auch schwierigste: Abklettern in der engen, kaminartigen Steilrinne unmittelbar vor dem Abbruch (II). Sie kann in einer etwa 6 Meter rechts ansetzenden Geröllrinne umgangen werden. Man erreicht ihren Anfang auf ausgesetzten Tritten oberhalb des Abbruchs oder durch dichte Latschen. Leichter ist der Abstieg in der einige Meter vor der Steilrinne beginnenden gut gestuften Schrofenrinne (I). Am einfachsten ist die Umgehung auf einem Geröllband auf der Nordseite. Dazu geht man vom Zahngipfel so weit zurück, bis man nach rechts auf das Band absteigen kann. Natürlich kann man auch durch Abstieg ins Kar und Querung im Geröll zum Einstieg am Kesseljoch gelangen. Bleiben wir am Grat, so steigen wir noch vor der nächsten Scharte, über der der Felsaufschwung des Kesseljochs emporragt, auf einem Geröllband in den „Kessel" ab und queren unter den Felsen, ganz ähnlich wie beim Zahn, im Geröll so weit, bis im gutgestuften Gras- und Schrofengelände ein unschwieriger Aufstieg zur Kammhöhe möglich ist. Der Abstieg zur nächsten Scharte macht keine Schwierigkeiten, dann geht's über den teilweise etwas ausgesetzten, aber leichten Grat mit einigen kurzen Kletterstellen zum Pitzenegg.
Der etwas Orientierungssinn verlangende Teil der Grattour liegt nun hinter uns. Vom Pitzenegg ab haben wir einen markierten Steig, der hinab ins Wiesjoch und über den hübschen, leicht felsigen, vielfach aber begrünten Südwestrücken auf den Plattberg, die höchste Erhebung unserer Tour, führt. Zu beachten ist nur, daß man sich am Pitzenegg nach dem Abstieg am Rand der Felsstufe gleich unterhalb der schrägen Platte nach links zum Grat wendet, wo eine kurze Schrofenrinne den Abstieg über den kleinen Abbruch problemlos ermöglicht. Die Durchsteigung des Abbruchs weiter unten ist schwieriger.
Vom Plattberg führt der stellenweise seilversicherte Steig auf dem Südostgrat hinab in die nächste Kammeinsenkung. Kurz vorher gabelt er sich: Geradeaus geht es zum höchsten Berg der Ammergauer Alpen, dem Daniel, rechts über den breiten, Farenegg genannten Grasrücken in hübscher Wanderung mit reizvollen Tiefblicken, überall gut markiert, hinunter zum Talboden. Hier treffen wir auf den breiten Weg, der nach links in einigen Minuten zum Ausgangspunkt in Lähn führt, nach rechts auf dem beschilderten „Panoramaweg" am Grundbach und an der Bahnlinie entlang nach Bichlbach.

Über den Ostteil des Danielkammes

Bei einer Begehung des Danielkammes im August 1987 traf ich einen Bergsteiger, der von Lähn aus den ganzen Kamm von der Kohlbergspitze bis zum Daniel unter „Mitnahme“ aller Zwischengipfel in einer Tagestour überschritten hatte. Das setzt natürlich eine außergewöhnliche Kondition voraus. Normalerweise ist die Überschreitung von der Kohlbergspitze zum Plattberg, wie schon erwähnt, mit 4 Stunden anzusetzen, für die Fortsetzung zum Daniel muß man mit weiteren 2½ Stunden rechnen. Einschließlich Aufstieg von und Abstieg nach Lähn ergibt sich eine Gesamt-Gehzeit von etwa 12 Stunden, was als Tagesleistung kaum zuzumuten ist. Dagegen ist es reizvoll und lohnend, den restlichen Kamm vom Daniel zum Sattel vor dem Plattberg – in dieser Richtung attraktiver als umgekehrt – in einer zweiten Tagestour zu begehen. Diese Tour vollzieht sich ausschließlich auf markierten Steigen und bedarf daher keiner ins einzelne gehenden Beschreibung. Der Aufstieg zum Daniel über die Upsspitze ist beschildert. Man geht wie beim Aufstieg zur Kohlbergspitze in Lähn über die Bahngleise und biegt nach einigen Minuten nach rechts ab. Der erste Teil des Aufstiegs ist mit dem Plattbergabstieg identisch. Nach 400 Höhenmetern gabelt sich der Weg hinter einem Zaun: Nach links geht's zum Plattberg, nach rechts zum Daniel. Man erreicht die Kammhöhe westlich der Upsspitze und ist wenige Minuten später auf dem Gipfel. Der Übergang zum Daniel dauert 20 Minuten. Er bietet insbesondere einen schönen Blick über das Ehrwalder Talbecken hinweg auf das Zugspitzmassiv. Bei der Kammwanderung bis zum Sattel vor dem Plattberg können wir ohne Schwierigkeit die nördlich des Weges liegenden Gipfel Büchsentaljoch und Großes Pfuitjöchle – letzteren sogar auf markiertem Steiglein – überschreiten und steigen dann auf dem schon bekannten Weg über den Fareneggrücken nach Lähn ab. Diese Tour ist leichter als die Überschreitung von der Kohlbergspitze zum Plattberg und kürzer, allerdings erfordert auch diese Tour trittsicheres Gehen, besonders an einigen kleinen Felsstufen am Grat zwischen Büchsentaljoch und Großem Pfuitjöchle. Reizvoll ist es und für Geübte leicht, hier die Grathöhe konsequent beizubehalten und erst am letzten Gratabschwung auf den Weg abzusteigen.

Blick vom Großen Pfuitjöchle auf den Kamm Kohlbergspitze – Plattberg (Mai 1988)

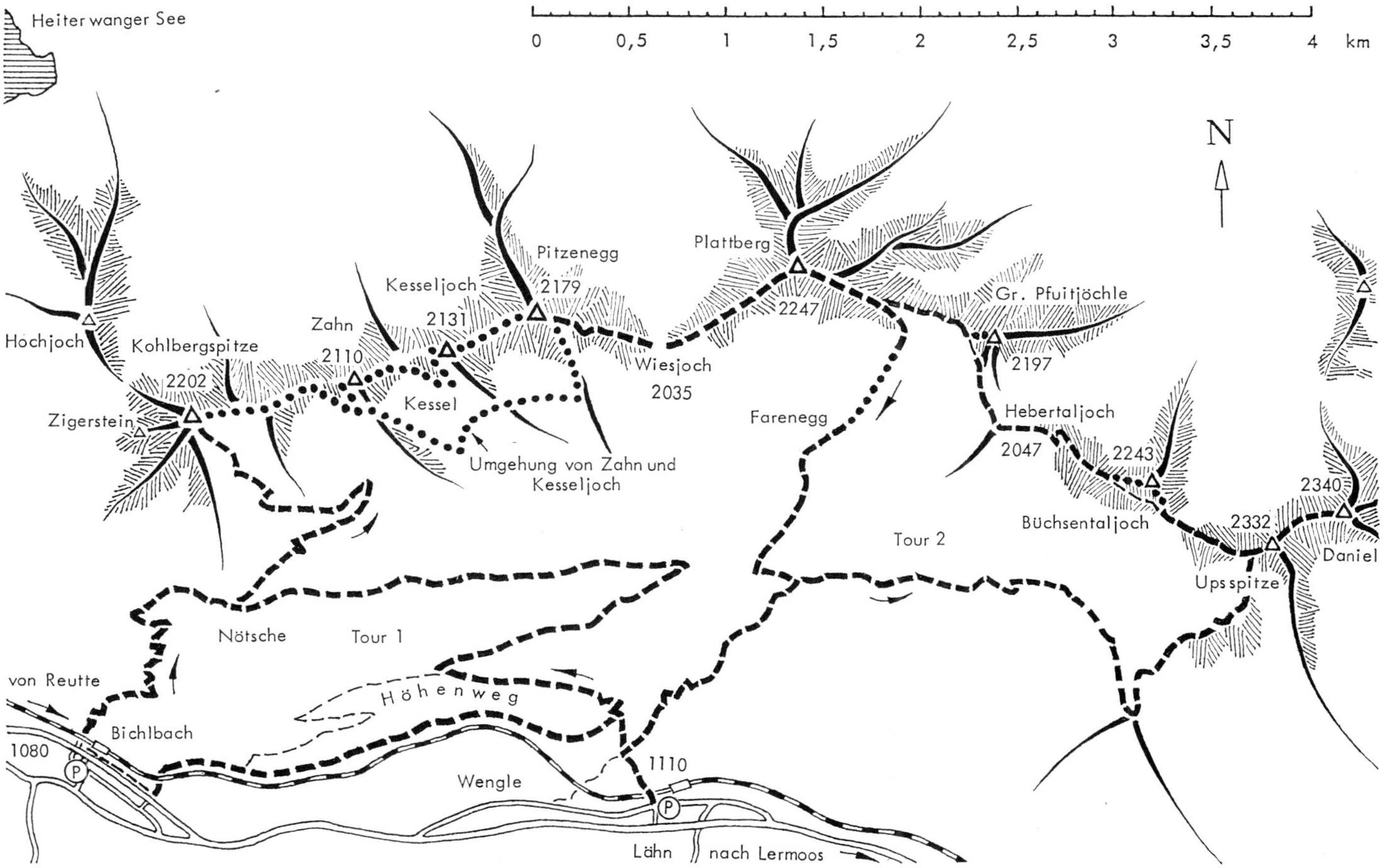
Heiter wanger See
0
0,5
1
1,5
2
2,5
3
3,5
4 km
N
Hochjoch
Kohlbergspitze
2202
Zigerstein
Zahn
2110
Kesseljoch
2131
Pitzenegg
2179
Kessel
Umgehung von Zahn und Kesseljoch
Wiesjoch
2035
Plattberg
2247
Farenegg
Gr. Pfuitjöchle
2197
Hebertaljoch
2047
2243
Büchsentaljoch
2340
2332
Daniel
Upsspitze
Tour 2
Nötsche
Tour 1
von Reutte
Höhenweg
Bichlbach
1080
Wengle
1110
Lähn
nach Lermoos

Tourendaten

Ausgangsorte: Bichlbach 1080 m bzw. Lähn 1110 m
Geeignete Zeit: Juni bis Oktober

Tour 1

Gipfel: Kohlbergspitze 2202 m – Zahn 2110 m – Kesseljoch 2131 m – Pitzenegg 2179 m – Plattberg 2247 m

Steighöhen und Gehzeiten: Gesamttour
von Bichlbach: 1660 m – 9 bis 9½ Stunden
von Lähn: 1630 m – 8½ bis 9 Stunden
bei Umgehung von Zahn und Kesseljoch
von Bichlbach: 1690 m – 8½ bis 9 Stunden
von Lähn: 1660 m – 8 bis 8½ Stunden

Tourenprofil mit Gehzeiten (Stunden)

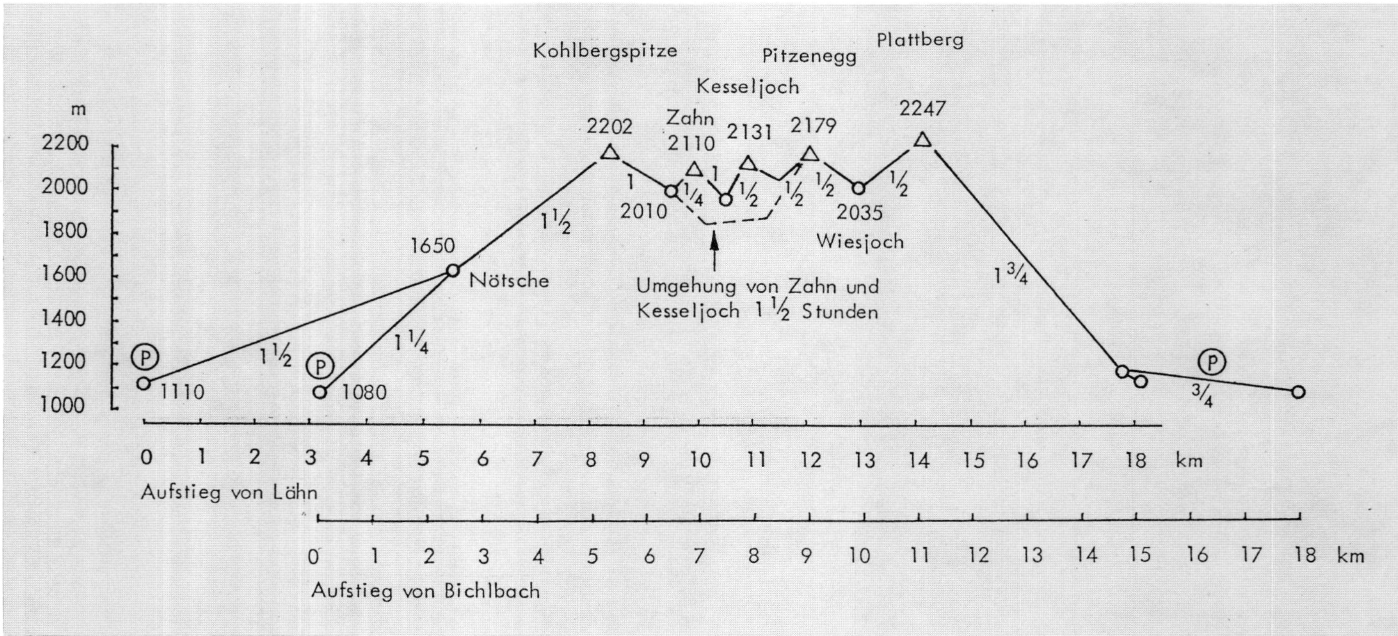

Charakter: Abwechslungsreiche, sehr lohnende Grattour im höchsten Kamm der Ammergauer Alpen, die sicheren Tritt, Ausdauer und stellenweise etwas Klettergewandtheit erfordert, für Geübte aber unschwierig ist. Die Besteigung der Kohlbergspitze auf durchgehend markiertem Weg ist auch für sich allein lohnend. – Die Gratüberschreitung nicht bei Nässe!

Tour 2

Gipfel: Upsspitze 2332 m – Daniel 2340 m – Büchsentaljoch 2243 m – Gr. Pfuitjöchle 2197 m

Steighöhe und Gehzeit: 1460 m – 7½ bis 8 Stunden

Charakter: Leichte, aussichtsreiche Kammwanderung mit Besteigung des höchsten Gipfels der Ammergauer Alpen, der einen eindrucksvollen Blick über den Ehrwalder Talkessel hinweg auf das Zugspitzmassiv bietet.

Tourenprofil mit Gehzeiten (Stunden)

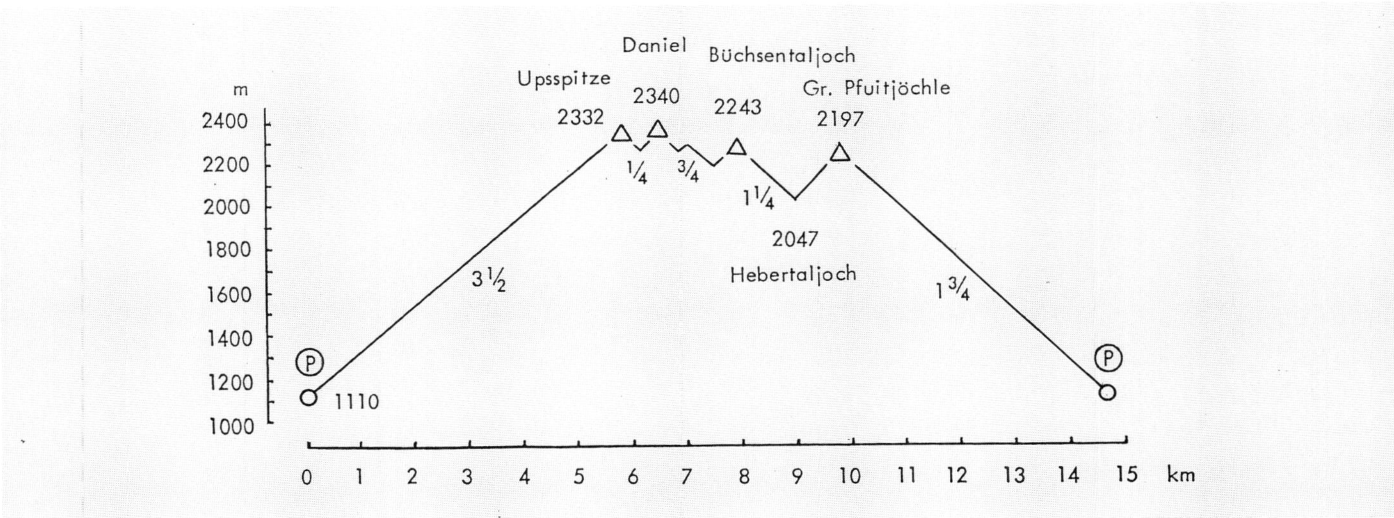

Lechtaler Alpen

⑯

Im Berwanger Gebiet

Vom Roten Stein zum Hönig

Zu den vielen Möglichkeiten, die Bergfreunden aus dem schwäbischen Raum für Touren mit günstig erreichbaren Ausgangspunkten offenstehen, zählen auch die Lechtaler Alpen, vor allem deren nordöstlicher Teil. Ich möchte Ihnen dazu eine ganz besonders schöne, landschaftlich reizvolle Gratwanderung in der Loreagruppe im Berwanger Gebiet vorstellen, die einen guten Einblick in diesen Teil der Lechtaler Alpen gibt und an Vielseitigkeit der landschaftlichen Formen und der reichen Flora ihresgleichen sucht. Hier werden der anspruchsvolle Bergwanderer und der Alpenblumenfreund gleichermaßen voll auf ihre Kosten kommen, und interessante Fotomotive gibt es auch. Es handelt sich um eine Rundtour mit Berwang als Ausgangsort, die den Roten Stein, die Steinmannlspitze und die Suwaldspitzen überschreitet und über Sonnberg und Hönig nach Berwang zurückführt. Der letzte Teil, der Sonnberg-Hönig-Kamm, ist eine schöne leichte Kammwanderung. – Auch der Rote Stein ist für sich allein ein lohnendes Ziel.
In Berwang, das man aus dem schwäbischen Raum mit dem Wagen über Pfronten oder Füssen – Umfahrung Reutte – Bichlbach erreicht, parkt man am besten an der Talstation des Muldenlifts (Abzweigung von der Hauptstraße am Ortseingang beim Schild „Gröben“). Der frühere Parkplatz an der Kirche besteht nicht mehr. – Am Haus „Schöne Aussicht“ vorbei – auch hier und 200 m weiter vor einem Gatter besteht beschränkte Parkmöglichkeit – wandern wir auf zunächst breitem Weg fast eben in das Tal des Alpelsbachs hinein. Rechts, hoch droben, begleitet uns der bis oben begrünte Sonnberg-Hönig-Kamm. Vor uns wachsen unsere beiden ersten Gipfelziele empor: der Rote Stein, links, und die Steinmannlspitze, die durch einen gezackten Grat miteinander verbunden sind. Der rot markierte Weg beginnt bald stärker zu steigen, er führt am Osthang des Sonnbergs entlang, etliche Runsen querend, schließlich in kurzen Kehren links vom Bach auf die mäßig geneigte Fläche westlich des Roten Stein, das Gröbener Älpele. – Hier, am Hüttchen, zweigt man rechts ab, wenn man nur den Sonnberg-Hönig-Kamm besteigen will. – Unser Weg führt weiter zur Westflanke des Roten Stein, wo er in vielen Serpentinen am grasigen Hang zum Nordwestgrat und nun, teilweise schrofig, zu dem mit einem großen Kreuz geschmückten, ungemein aussichtsreichen Gipfel ansteigt.
Bei der Gipfelrast können wir uns über den weiteren Verlauf unserer Tour orientieren. Im Südwesten steht nah unser nächstes Ziel, die Steinmannlspitze, von der nach Süden ein mit schroffen Felsgipfeln

Die Mieminger Kette vom Roten Stein

besetzter, über die Galtbergspitze zum Loreakopf ziehender Kamm abstrahlt. Im Westen, ein gutes Stück unter uns, liegt die dreigipfelige Erhebung der Suwaldspitzen mit dem Hohen Schrofen, an die sich rechts der lange, sanfte Kamm des Sonnbergs anschließt, der uns über den breitgebuckelten Hönig nach Berwang zurückführen soll. Rechts hinter den Suwaldspitzen die Knittelkarspitze, die gleichfalls eine lohnende Tour im Berwanger Bereich bietet. Besonders eindrucksvoll ist der Blick nach Osten. Hier beherrscht die Gartnerwand das Bild, die sich von ihrer Schmalseite zeigt, im Hintergrund flankiert vom Wettersteingebirge mit der Zugspitze und der Mieminger Gebirgsgruppe. Bei guten Sichtverhältnissen ein wahrlich faszinierender Anblick.

Vor uns liegt nun der anspruchsvollste Teil unserer Tour, technisch unschwierig, aber doch ein gewisses

Maß an Trittsicherheit, Schwindelfreiheit und Orientierungssinn fordernd. Der direkte Übergang zur Steinmannlspitze über den Verbindungsgrat kommt für uns nicht in Betracht; er erfordert mäßig schwierige Kletterei und ist wesentlich langwieriger als die Umgehung. Dazu steigen wir steil auf rotweiß markiertem, stellenweise seilversichertem Weg nach Südosten ab, bis deutliche Pfadspuren nach rechts fast eben zu einem flachen Sattel und von dort vollends in das Kar südlich des Roten Stein hinabführen. Hier steuern wir den Ansatz des von der Steinmannlspitze nach Osten streichenden, unten begrünten Rückens an, den sogenannten Ostsporn, der den Aufstieg vermittelt. Den ersten schrofigen Aufschwung können wir entweder unschwierig direkt erklettern oder links im Geröll auf Steigspuren umgehen. Bei dem folgenden gutgestuften, weniger steilen Gratstück weisen Steigspuren teils unmittelbar am Grat, teils links von der Kammhöhe empor. Das Gestein ist brüchig und verlangt vorsichtiges Gehen. Im oberen Teil halten wir uns dicht an dem nach rechts (Norden) steil abbrechenden Kamm und erreichen wenig später den Gipfel der Steinmannlspitze.
Auf Pfadspuren steigen wir in Richtung Suwaldspitzen über den breiten Westrücken ab, immer am Rand oder in einigen Metern Abstand von den rechtsseitigen Abbrüchen. Etwa 50 Höhenmeter vor der Scharte wird er steiler und bildet sich felsig aus. Hier sollten Sie keinesfalls durch die rechts der Gratfelsen hinabführende steile Geröllrinne absteigen, obwohl Trittspuren erkennbar sind. Die Rinne enthält einige unangenehme Partien, auf die wir gern verzichten, denn links von der Rinne, unmittelbar rechts neben dem Felsgrat, leitet ein gutes Band weniger steil und problemlos zur Scharte hinab. Das nun folgende Gratstück, das den Aufstieg zu den Suwaldspitzen vermittelt, ist reizvoll, erfordert aber Trittsicherheit. Der Grat, stellenweise schmal zusammengeschnürt, ist überall gut gangbar. Wir halten uns durchwegs an die Pfadspuren unmittelbar auf der Kammhöhe und weichen keinesfalls in die latschenbewachsene Südflanke aus; die Nordflanke bricht zum Gröbener Älpele hin in Steilrinnen ab und ist ohnehin ungangbar. Nach mehrmaligem Auf und Ab auf dem nur wenig ansteigenden Grat erreichen wir die Hintere Suwaldspitze. Wer Zeit und Lust hat, kann nun in 10 Minuten zu dem kleinen, balkonartig nach Westen vorgebauten Kopf des Hohen Schrofen hinübergehen, der einen hübschen Tiefblick ins Rotlechtal gestattet, und von dort zur Vorderen Suwaldspitze queren. Andernfalls geht man auf Pfadspuren von der Hinteren direkt zur Vorderen Suwaldspitze. Zur Fortsetzung unserer Tour steigen wir auf dem schwach ausgeprägten, in einigen leichten schrofigen Stufen abfallenden Westrücken zu dem von oben deutlich erkennbaren Pfad ab, der am Hang unterhalb des Nordrükkens der Vorderen Suwaldspitze über den Neederigen Sattel zum Sonnbergsattel führt. Der Abstieg zu diesem Pfad nach Norden in geröllbedecktem Steilgras erfordert Vorsicht und ist nicht lohnend.
Der etwas Übung erfordernde Teil unserer Tour liegt nun hinter uns. Was folgt, ist leichtes Gehgelände, genüßliches Wandern über einen blumigen Kamm mit sanften Formen und prachtvoller Aussicht. Beim Aufstieg über den Südostrücken des Sonnbergs wird man immer wieder einen Blick zurückwerfen auf die schöngeformten Gipfel der Loreagruppe, vom Roten Stein bis zum Loreakopf, dem höchsten

Am Ostsporn der Steinmannlspitze

Gipfel und Namensgeber der Gruppe, und nach Überschreitung des Gipfels haben wir Muße, die jenseits des Berwanger Tales aufragende Kuppe des Taneller zu betrachten und uns an den hübschen Tiefblicken, vor allem auf Berwang, zu erfreuen. Viel zu früh ist dieser Gang hoch über den Tälern zu Ende. Der Hönig, der Endpunkt des Kammes, ist erreicht. Hier folgen wir dem Kammweg nicht weiter, sondern biegen auf dem ersten Gipfelbuckel, noch vor der Seilbahnstütze am Kamm, nach rechts ab auf den mäßig steilen, nach Berwang absinkenden freien Rücken, auf dem ein schmaler Pfad, weiter unten durch Erlengebüsch und Wald an einer Liftstation vorbei, auf den Talboden führt. Über die sanft abfallende Wiese rechts vom Muldenlift gelangen wir zum Parkplatz zurück.

Berwang
nach Rinnen
von Bichlbach
km
N
0
0,5
1
1,5
2
2,5
3
Stockerbach
Bichlbächle
Stockachtal
Bleispitze
Alpelsbach
Kamp
Hönig
2035
Sonnberg
2052
Tour 2
Hüttchen
Sonnbergsattel
1940
Gröbener Älpele
2369
Roter Stein
Gartnerwand
Neederiger Sattel
Tour 1
Stierkopf
Vord. Suwaldspitze
Steinmannlspitze
2346
Lackekar
Hint. Suwaldspitze
2156
Hoher Schrofen
2120
Rotlech
Kälbertal
Galtbergspitze
Kreuzjoch
Kopfspitze
Tagweidkopf
Loreakopf

Die Suwaldspitzen von der Steinmannlspitze

Sonnberg-Hönig-Kamm

Die Überschreitung dieses Kammes, Teilstück der Tour 1, ist auch für sich allein lohnend. Es ist eine einfache aussichtsreiche Kammwanderung mit schönen Ausblicken auf die näheren Berggruppen der Östlichen Lechtaler Alpen: Loreagruppe, Rudigergruppe und Liegfeistgruppe.
Zum Gröbener Älpele steigen wir wie bei Tour 1 von Berwang auf. Hier am Älpele lädt neuerdings eine Bank zur ersten Rast ein. Der Aufstieg zum Sonnbergsattel, früher weglos mit mehr oder weniger deutlichen Trittspuren, ist jetzt durch ein mit roten Holzpflöcken markiertes Steiglein erleichtert. Es zweigt 50 Meter hinter der Bank vom Hauptweg ab (Schild Hönig) und führt im Bereich der alten

Aufstiegsroute, teils die alten Trittspuren benutzend, ohne Schwierigkeit zum Kamm. Vom Sonnbergsattel wandern wir auf deutlichem Pfad immer auf der Kammhöhe über den blumenreichen Rücken zum Sonnberg und weiter zum Hönig und steigen von dort, wie bei Tour 1 beschrieben, nach Berwang ab.

Noch ein Wort zur geeigneten Jahreszeit. Von den Bodenverhältnissen her ist die ganze Rundtour über Roten Stein und Sonnberg-Kamm im allgemeinen schon ab Juni begehbar. Selbst nach schneereichen Wintern sind Anfang Juni die wesentlichen Partien: Gipfelaufbau des Roten Stein mit dem oberen steileren Teil des versicherten Abstiegs nach Süden, Gipfelaufbau der Steinmannlspitze mit Ostsporn und Abstieg über den Westrücken, der Übergang zu den Suwaldspitzen und der gesamte Sonnberg-Hönig-Kamm im allgemeinen aper. Fester, gut begehbarer Schnee liegt dann meist im Kar zwischen Rotem Stein und Steinmannlspitze und im oberen Teil des Aufstiegs zum Sonnbergsattel. Zu beachten ist nur, daß beim Aufstieg von Berwang zum Gröbener Älpele eine Anzahl Runsen gequert werden müssen, die bis in den Frühsommer hinein mit schutt- und schmutzbedeckten Schneeresten gefüllt sein können, deren Überschreitung zwar harmlos, aber nicht jedermanns Sache ist. Besser ist es daher, die Tour erst ab Juli anzugehen, wo die Schneequerungen beim Aufstieg zum Älpele zumindest viel kürzer sind.

Tourendaten

Ausgangsort:	Berwang 1320 m – Parken an der Talstation des Muldenlifts
Geeignete Zeit:	(Juni) Juli bis Oktober (November)

Tour 1

Gipfel:	Roter Stein 2369 m – Steinmannlspitze 2346 m – Hintere Suwaldspitze 2156 m – Hoher Schrofen 2120 m – Vordere Suwaldspitze 2153 m – Sonnberg 2052 m – Hönig 2035 m
Steighöhen und Gehzeiten:	Vollständige Rundtour: 1580 m – 8 bis 8½ Stunden Nur Roter Stein: Abstieg wie Aufstieg 1050 m – 4 bis 4½ Stunden
Charakter:	Schöne, abwechslungsreiche Rundtour mit herrlicher Aussicht. Aufstieg zum Roten Stein auf guter Weganlage. Der Übergang vom Roten Stein über die Steinmannlspitze zu den Suwaldspitzen zunächst am Roten Stein auf versicherter Weganlage, dann auf Pfadspuren, erfordert Trittsicherheit und etwas Orientierungssinn, weist aber keine technischen Schwierigkeiten auf. Die Höhenwanderung über den blumenreichen Rücken von Sonnberg und Hönig bietet schöne Einblicke in die Bergwelt des Berwanger Gebiets.

Tourenprofil mit Gehzeiten (Stunden)

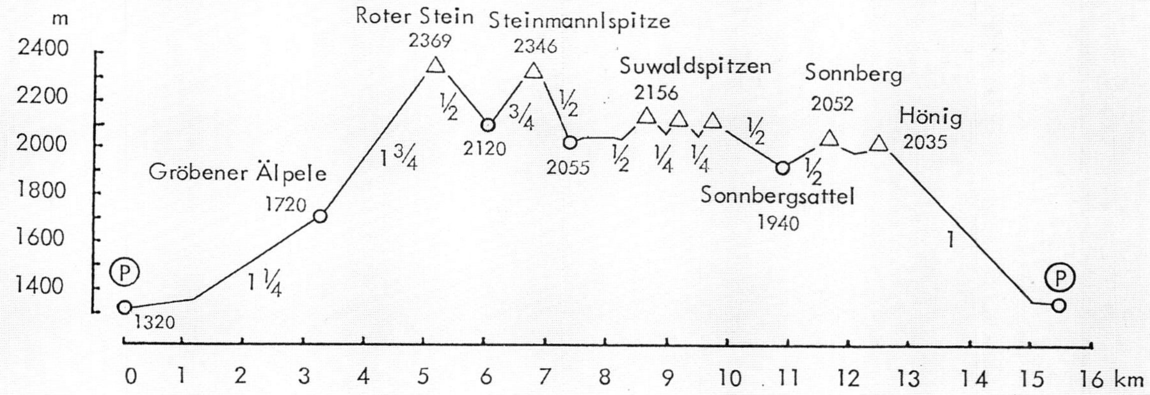

Tour 2

Gipfel: Sonnberg 2052 m – Hönig 2035 m

Steighöhe und Gehzeit: 770 m – 3¾ bis 4 Stunden

Charakter: Herrliche Kammwanderung ohne Schwierigkeiten

Tourenprofil mit Gehzeiten (Stunden)

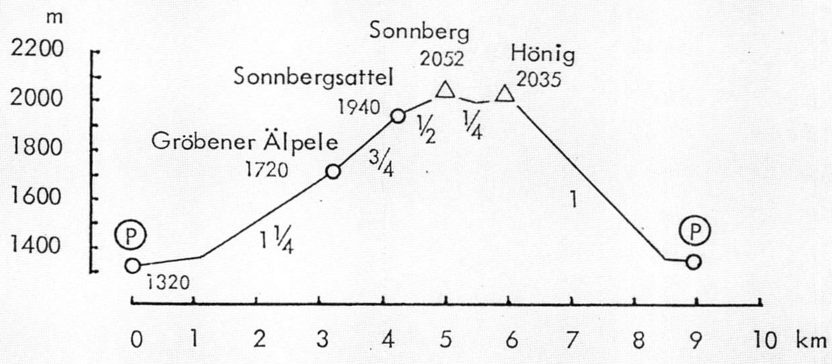

⑰

Kammwanderung überm Lechtal

Von der Schwarzhanskarspitze zum Hallanderberg

Dem ins Lechtal Fahrenden fällt schon nach der Abzweigung in Reutte ein massiger mehrgipfliger Bergstock auf, der das Tal von Weißenbach bis Forchach begleitet. Er bildet den nördlichen Arm der hufeisenförmig um das Liegfeisttal angeordneten Liegfeistgruppe der Lechtaler Alpen und gipfelt in der Schwarzhanskarspitze, mit 2228 Metern nach der Knittelkarspitze und ihren Trabanten die höchste Erhebung dieser interessanten Gebirgsgruppe. Die Überschreitung der Schwarzhanskarspitze und des über Wannekopf und Schartenspitze zum Hallanderberg ziehenden Kammes ist unser Ziel, wobei wir zunächst der nordwestlich vorgelagerten, aus dem Tal als kühnes Felsdreieck erscheinenden Mahdspitze einen Besuch abstatten wollen, denn sie ist der beste Aussichtsbalkon über dem Lechtal. Nach dem besonders hübschen Aufstieg zur Schwarzhanskarspitze bietet diese wenig begangene Überschreitung eine herrliche Kammwanderung, teilweise weglos, aber ohne technische Schwierigkeiten.
Ausgangsort unserer Tour ist Forchach, das von Füssen/Reutte her schnell erreicht ist, ein stilles Gebirgsdorf, an dem der Touristenstrom seit dem Bau der Umgehungsstraße vorbeifließt. So gibt es keine Parkprobleme. – Unser Aufstiegsweg beginnt am Alpengasthof „Sonne". Wir folgen dem Schild „Älpele–Schwarzhanskarspitze", verlassen gleich hinter dem Gatter den Bannwaldweg nach rechts über die Wiese und erreichen den deutlichen, mit „Älpele" beschilderten rot markierten Steig, der nun landschaftlich reizvoll durch lichten Wald, mit schönen Tiefblicken ins immer weiter überschaubare Lechtal an den Nordwesthängen emporzieht. Schon dieser in den Morgenstunden schattige Aufstieg zum Älpele ist ein Genuß. Verständlich, daß das Älpele, ein nicht bewirtschaftetes Hüttchen mit Tisch und Bank vor der Tür, das wir nach zwei Stunden erreichen, auch für sich ein beliebtes Ziel vor allem bei den Einheimischen ist, so recht geschaffen für eine gemütliche Rast.
Wir verlassen den grünen Boden des Älpele auf schmalem Pfad, der sich hinter dem Hüttchen nach rechts wendet (Schild) und später in ausholender Querung der latschenbewachsenen Westhänge Höhe gewinnt. Am Ende der Querung knickt der Steig scharf nach rechts ab. Wir könnten ihm weiter folgen und bald über den freien begrünten Hang zur Schwarzhanskarspitze aufsteigen. Doch dann würde uns

Der Bergstock der Schwarzhanskarspitze über dem Lechtal

die nahe Mahdspitze, diese prächtige Aussichtskanzel, entgehen. Der Mehraufwand von nur einer Viertelstunde ist durchaus lohnend. Der kleine Pfad hinüber zum Sattel an der Mahdspitze, jahrelang von Latschen überwuchert, wurde im Zusammenhang mit der Aufstellung eines Gipfelkreuzes im September 1987 wieder in annehmbaren Zustand gebracht. Er beginnt 6 Meter hinter der erwähnten Knickstelle. Vom Sattel steigen wir in wenigen Minuten die 30 Höhenmeter zur Mahdspitze empor. Wir gelangen zunächst zu einem Vorkopf, der mit einer zwei Meter hohen Stufe zum Gipfel hin abbricht. Wir können hier auf guten, aber ausgesetzten Tritten, den kleinen Felsblock zur Sicherung fest umarmend, absteigen oder den Vorkopf schon etwas tiefer links umgehen. Und dann schauen wir von unserer luftigen Warte hinab ins Lechtal, schauen auf die gleichmäßig ausgebuchte-

Aufstieg zum Älpele. Rückblick auf das Lechtal und die Tannheimer Berge

ten hellen Kiesbänke und die gewundenen und verschlungenen milchiggrünen Arme des Lechs, aus denen über dunklen Waldhängen die Allgäuer Berge emporwachsen.

Zum Sattel zurückgekehrt geht es über leichte Schrofen und Geröll am Gratrücken aufwärts. Auf dem anschließenden gut trittigen Grashang streben wir, im oberen Teil dem etwas steileren Stück links ausweichend, dem Kreuz zu, das unterhalb des höchsten Punktes steht, und erreichen kurz darauf den Gipfel.

Die Schwarzhanskarspitze bietet eine hervorragende Aussicht. Jenseits des Lechtals grüßen die Allgäuer Alpen herüber: der Ostteil der Hornbachkette, die Roßzahngruppe mit dem dahinter aufragenden Hochvogel und, genau gegenüber, die Leilachspitze. Auf der anderen Seite, im Südosten, bildet die Knittelkarspitze, der höchste Berg der Liegfeistgruppe, einen markanten Blickpunkt. Schließlich schauen wir auf den nach Nordosten absinkenden Kamm mit Wannekopf, Schartenspitze und Hallanderberg, den wir nun überschreiten wollen. Die Hälfte der Gehzeit und der größte Teil der Steigmühe liegen hinter uns, wenn wir unsere Kammwanderung angehen. Sie ist vorwiegend weglos, doch gibt es weder Orientierungs- noch sonstige Schwierigkeiten. Zunächst steigen wir auf dem breiten Nordrükken, später rechts unterhalb der Kammhöhe zum ersten Sattel ab und erreichen mit wenig Gegenanstieg, die Latschen der Vorköpfe rechts umgehend, den höchsten Punkt des Wannekopfs, von dem wir einen noch besseren Einblick in die Berge der Liegfeistgruppe haben. Im Süden tritt nun neben der Knittelkarspitze die Namloser Wetterspitze beherrschend hervor. Der Abstieg in den nächsten Sattel ist der anspruchsvollste Teil unserer Tour, wenn wir uns an den ziemlich steilen, schrofigen Grat halten, wobei die Gratzacken auf Trittspuren links umgangen werden. Dieser Abstieg ist unschwierig, erfordert aber Trittsicherheit. Leichter ist es, von der Gipfelkuppe bis zur ersten oder besser noch bis zur zweiten kleinen Einsattelung zurückzugehen und auf Grastritten nach links zu dem deutlich erkennbaren Pfad abzusteigen, der, seit einiger Zeit gut markiert, ein Stück unterhalb der Kammhöhe entlangzieht. Auf ihn stoßen wir auch nach dem Abstieg am Grat. Der anschließende Aufstieg zur

Die Schwarzhanskarspitze vom Wannekopf

Schartenspitze führt durch eine breite Latschengasse. Auch hier wird das letzte latschenbewachsene Kammstück rechts umgangen.

Für den Abstieg zur nächsten Einsenkung, dem Schartenjoch, folgen wir am besten noch kurze Zeit der Kammhöhe, bis rechts ein mäßig steiler, latschenfreier Hang auf mit feinem Geröll bedeckten Grastritten, die vorsichtiges Gehen erfordern, zum 40 Meter tiefer liegenden Pfad hinableitet. Er führt in wenigen Minuten zum Kreuz am Schartenjoch, im Büchlein am Kreuz fälschlich mit Schartenspitze bezeichnet. Hier gibt es zur Fortsetzung unserer Tour drei Möglichkeiten. Die beste: Überschreitung des Hallanderbergs. Die bequemste: auf dem rechten Umgehungsweg zur (verfallenen) Galtalpe. Die kürzeste: Abstieg auf kaum erkennbaren Trittspuren mit dürftiger Markierung Richtung Lechtal. Diese Abstiegsvariante kann ich nicht empfehlen. Von einem Weg, wie man ihn anhand der Einzeichnung in den Karten erwartet, kann hier keine Rede sein. Auf dem freien Hang im oberen Teil existieren ohnehin nur Spuren. Man hält auf den markanten Felsabbruch im Nordrücken der Schartenspitze zu, vor dessen Erreichen der Steig mit deutlicher, ziemlich neuer roter Markierung beginnt. Sie steht in krassem Gegensatz zur Beschaffenheit des Steigs, der reichlich verwahrlost ist. Durch Latschenrinnen und brüchige Runsen, stellenweise auch auf annehmbaren Passagen, geht es steil bergab, man braucht solide Knie und ein bißchen Humor, und die abschließende Querung zur Jagdhütte (Hochegghütte), wo der Steig mit dem von der Galtalpe kommenden Weg zusammentrifft, ist auch nicht das Wahre. Zeit spart bei diesem Abstieg nur, wer sich in solchem Gelände flott bewegen kann. Besser und kaum länger ist – wenn man auf den Hallanderberg verzichten will – der Abstieg auf markiertem Weg über die Galtalpe. Am hübschesten ist jedoch die Überschreitung des Hallanderbergs, auch wenn es beim Abstieg über den Nordostrücken mitunter durch Latschen geht. Vom Joch zieht eine deutliche Pfadspur in einer Latschengasse hoch, an deren oberem Ende man auf die linke Seite des Rückens überwechselt. Am Gipfelkamm geht es in einer breiten Furche zum höchsten Punkt. Beim Abstieg findet sich die Spur immer auf oder unmittelbar neben der Kammhöhe. Lassen Sie sich nirgends durch scheinbar günstige Latschenrinnen verleiten, in die Flanken abzusteigen. Sie geraten in unübersichtliches, mühsames Latschengelände. Suchen Sie die Fortsetzung stets im Kammbereich. Der Rücken wird bald freier, wir sehen die Galtalpe und gelangen über einen lichten Waldrücken rasch hinab. Hier treffen wir auf den von rechts kommenden Umgehungsweg, auf dem wir zur Hochegghütte absteigen. Gleich hinter der Hütte muß man gut auf die rote Markierung achten, denn der Weg, an dieser Stelle schlecht erkennbar, wendet sich nach links, wird aber bald deutlicher. Er mündet schließlich in einen breiten Forstweg, dem wir in Richtung Forchach folgen. Nach 15 Minuten zweigt nach links, nicht beschildert, 100 Meter hinter dem ersten Hüttchen, ein Feldweg ab, der bald in den breiten Koppenweg übergeht und uns in hübscher Wiesenwanderung zu unserem Ausgangspunkt zurückbringt. Die Benutzung des schon vorher abzweigenden Bannwaldwegs ist ungünstig; er ist länger und wegen kleiner Gegenanstiege etwas anstrengender.

Zum Schluß ein wichtiger Hinweis: Die Abstiegsvarianten vom Schartenjoch über die verfallene Galtalpe sind durch die Wirbelstürme Anfang 1990 sehr in Mitleidenschaft gezogen und nur für Geübte zumutbar. Der Weg war im Bereich eines äußerst starken Windbruchs oberhalb der Hochegghütte im Herbst 1991 noch immer nicht freigesägt und sehr schlecht begehbar.

Weißenbach
von Reutte
Lech
Johannesbrücke
Rotlech
Koppenweg
Forchach
910
Jagdhütte (Hochegghütte)
1270
1569
Galtalpe (verf.)
Hallanderberg
1896
1973
Mahdspitze
1963
Wannekopf
2071
Schartenspitze
2053
Liegfeistbach
Älpele
1744
Schwarzhanskarspitze
2228
Mitterkarbach
Hochkarbach
Mittergrotzenspitze
Pleisjochspitze
Pleisspitze
Keil
Mitterkarspitze
km
0
0,5
1
1,5
2
2,5
N

Tourendaten

Ausgangsort:	Forchach – 910 m	
Geeignete Zeit:	Juni bis Oktober	
Gipfel:	Mahdspitze 1963 m – Schwarzhanskarspitze 2228 m – Wannekopf 2071 m – Schartenspitze 2053 m – Hallanderberg 1973 m	
Steighöhen und Gehzeiten:	Gesamttour:	1520 m – 7 bis 7½ Stunden
	Ohne Mahdspitze:	1490 m – 6¾ bis 7¼ Stunden
	Ohne Hallanderberg:	1440 m – 6¾ bis 7¼ Stunden
Charakter:	Aussichtsreiche, teils weglose Kammwanderung hoch über dem Lechtal ohne Schwierigkeiten. Beim landschaftlich besonders reizvollen Aufstieg und beim Abstieg markierte Wege.	

Tourenprofil mit Gehzeiten (Stunden)

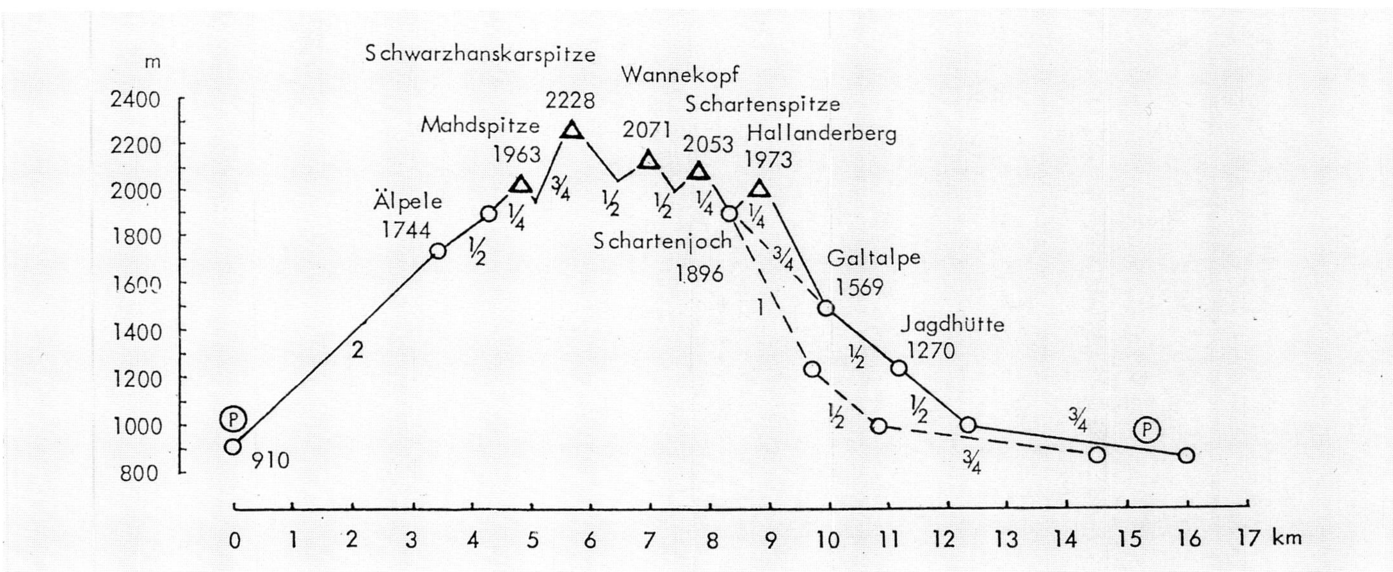

⑱

Über den Reuttener Höhenweg

Von der Abendspitze zur Knittelkarspitze mit Rückkehr übers Wetterkreuz

Die Berge des Reuttener Höhenweges vom Galtjoch

Die Knittelkarspitze, höchster Berg der Liegfeistgruppe der Lechtaler Alpen, bildet den Endpunkt des ungemein abwechslungsreichen, landschaftlich sehr reizvollen Reuttener Höhenwegs, der sich in eine interessante Rundtour einbeziehen läßt. Sie gehört zu den anspruchsvollsten, aber auch schönsten Touren dieses Buches, sie erfordert sicheren Tritt und Schwindelfreiheit, in der Gesamtkonzeption auch Ausdauer und stellenweise etwas Klettergewandtheit, ist aber technisch unschwierig (I). Der mit Klettersteigen Vertraute wird an dieser nicht häufig begangenen Route seine Freude haben, aber auch weniger Geübte können den Höhenweg bis zum Sattel hinter dem Galtjoch ohne Schwierigkeit begehen.
Ausgangsort ist Rinnen, das man über Füssen/Pfronten – Umfahrung Reutte – Bichlbach – Berwang erreicht. Von Rinnen führt ein schmales, für Anlieger freies Asphaltsträßlein in einer Kehre ins Rotlechtal hinab. Es ist eine Gewissensfrage, ob Sie sich als Anlieger fühlen. Die meisten tun es. Unten an der Rotlechbrücke neben der Rauthsäge stehen etwa ein Dutzend Parkplätze zur Verfügung. Stellt man den Wagen in Rinnen ab, so muß man am Ende der Tour einen Gegenanstieg von 100 Höhenmetern in Kauf nehmen, was nach einem anstrengenden Bergtag ziemlich schlaucht. Die angegebenen Gehzeiten verlängern sich dann um eine halbe Stunde.
Unser erstes Ziel ist die hübsch auf einer kleinen Schulter gelegene, von Ende Juni bis einschließlich dritte Septemberwoche bewirtschaftete Ehenbichler Alpe. Gleich hinter der Rotlechbrücke beginnt der beschilderte rotweiß markierte Steig, der ziemlich steil am lichtbewaldeten Osthang in zahlreichen Kehren emporzieht. Unser Steig mündet in einen neuen Forstweg, dem wir kurz folgen (Schild Ehenbichler Alpe). Nach einigen Minuten zweigt rechts ein 1991 gebauter, mit feinem Schotter belegter Weg ab, der später an einer Weggabel auf den alten, meist matschigen, am Forstweg geradeaus führenden Pfad trifft: Rechts geht es zur nicht bewirtschafteten Reuttener Hütte, links auf dem guten Weg zur Ehenbichler Alpe. Hier folgen wir dem breiten Fahrweg bis zur ersten Biegung und gehen auf Trittspuren den Hang empor, den wir, an einem Wasserspeicher vorbei, solange leicht ansteigend in gleicher Richtung queren, bis die Abendspitze sichtbar wird. Hier wenden wir uns nach rechts zur Kammhöhe des Ostrückens und gehen in einer der Geländeform angepaßten Kehre zum Weidezaun, um links davon auf Grastritten zu der den Gipfelkamm einleitenden Schrofenstufe aufzusteigen. Sie wird links in einer Latschengasse umgangen. Erneut der Kammhöhe zustrebend erreichen wir bald das etwas unterhalb des höchsten Punktes stehende Kreuz. Wer diesen weglosen Anstieg über den Ostrükken vermeiden möchte, kann mit einer Viertelstunde Mehraufwand auf markiertem Weg aufsteigen. Man folgt dazu dem an der Ehenbichler Alpe beginnenden Fahrweg, von dem später hinter einem Weidezaun der Steig übers Stiegelejoch zur Abendspitze abzweigt. Sie bietet einen hübschen Blick in das vom mächtig aufragenden Taneller und dem Hönig flankierte Berwanger Tal. Im Südwesten sehen wir unser nächstes Ziel, das sanfte, bis zum Gipfel grasige Galtjoch. Die weiteren Berge des Reuttener Höhenwegs, Steinkarspitzen und Knittelkarspitze, treten erst markanter hervor, wenn wir das Galtjoch

Vor dem Grataufschwung zur Hinteren Steinkarspitze

mit seinem großen Gipfelkreuz über den mäßig steilen Nordostrücken erreicht haben. Es ist ein hervorragender Aussichtspunkt. Im Osten erblicken wir die Berge der Loreagruppe vom Roten Stein zum Loreakopf. Im Südosten steht über der begrünten steilflankigen Kelmer Spitze, die wir zum Abschluß unserer Tour besteigen können, der Kamm von Seelakopf und Schlirewand, hinter dem das lange Felsmassiv der Heiterwand hervorschaut. Im Südwesten, links neben den Gipfeln des Reuttener Höhenweges, ist die Namloser Wetterspitze die auffallendste Berggestalt. Wir sehen auch, daß das Gelände nun alpiner wird. Der Abstieg in den nächsten Sattel, das Galtpleisjoch, ist einfach, aber mit dem Aufstieg zur Vorderen Steinkarspitze beginnt der lebhaftere Teil unserer Tour. Man muß sich

bewußt sein, daß nicht nur der Höhenweg selbst, sondern auch die später beschriebenen Abstiegswege Trittsicherheit voraussetzen. Für Ungeübte besteht am Galtpleisjoch die leichte Abstiegsmöglichkeit nach der am Schluß genannten Variante 3.
Vom Galtpleisjoch gelangen wir über Geröll und kurze Schrofenstufen, immer gut markiert, auf die mit einem kleinen Metallkreuz geschmückte Vordere Steinkarspitze. Beim Übergang zur Hinteren Steinkarspitze nimmt der Höhenweg stellenweise Klettersteigcharakter an. Hinter der Scharte ist eine kleine Kletterstelle, dann ein felsiger Steilaufschwung auf einbetonierten Eisentritten mit Seilsicherung zu überwinden. Auf der Kammhöhe geht's vergleichsweise gemütlich zum Gipfel der Hinteren Steinkarspitze. Es folgt der alpinste Teil des Höhenweges. Dabei werden einige Felsköpfe teils überschritten, teils umgangen. Eine zehn Meter hohe Eisenleiter, die nur einzeln betreten werden sollte, leitet in eine Scharte hinab, dann wird eine gutgriffige Felsstufe erklettert. Der Abstieg auf der anderen Seite in einer kurzen engen Rinne ist durch zwei optimal plazierte Eisenstifte gesichert, so daß auch dieser Abschnitt problemlos ist, wenn man vorsichtig und konzentriert geht. Bald darauf stehen wir an der steilen, von grasigen Bändern durchzogenen Nordostflanke des Knittelkarkopfs, durch die sich der Aufstieg zum Wetterkreuzjoch vollzieht. Achten Sie nach etwa 30 Höhenmetern Abstieg auf einem abfallenden Band auf die Fortsetzung des Aufstiegsweges, der beschildert und markiert, aber doch leicht zu übersehen ist. Der Steig trennt sich hier vom Abstiegsweg ins Steinkar. Er führt über eine gutgestufte Rinne nach rechts empor und dann in Kehren, die Grasbänder der Steilflanke benutzend, zum Wetterkreuzjoch. Von hier leitet der Steig über den unbedeutenden Knittelkarkopf, einige plattige Stufen überwindend, zum Schluß über Gras und Geröll zur Knittelkarspitze, die eine umfassende Rundsicht bietet. Der ganze Abstecher dauert mit Rückkehr zum Wetterkreuzjoch nur eine knappe Stunde.
Falls nach Überschreitung der Steinkarspitzen Ihr alpiner Bedarf gedeckt ist, können Sie statt des Aufstiegs zum Wetterkreuzjoch auf dem markierten Weg ins Steinkar absteigen und an der Raaz-Galtalpe vorbei in zwei Stunden zum Ausgangspunkt zurückkehren (Variante 2). Der Abstieg ins Steinkar ist steil und erfordert an einigen schrofigen Stufen trittsicheres Gehen. Der Weg führt dann leicht fallend am Nordrand des Steinkars entlang. An einem Wasserrohr folgt man der roten Markierung nach rechts (nicht geradeaus weitergehen!) und erreicht nach einigen Minuten eine Wegteilung: Nach rechts geht es in ausholendem Bogen zum Kelmer Jöchl, nach links, als Weg kaum erkennbar aber deutlich rot markiert, zum Galtpleisjoch. Dieser Markierung folgen wir etwa fünfzig Meter und steigen dann über den grasigen Hang, teils auf Wegspuren in Richtung auf die weithin sichtbare Raaz-Galtalpe ab. Das ist etwas näher als der Abstieg übers Kelmer Jöchl.
Vom Wetterkreuzjoch gehen wir das Wetterkreuz unmittelbar über den kurzen, in einigen Schrofenstufen zum grasigen Gipfel ziehenden Nordwestgrat an. Er ist leichter, als es vom Joch her aussieht, setzt aber etwas Kletterfertigkeit und vor allem Schwindelfreiheit voraus (I). Die ersten kleinen Gratköpfe werden auf Trittspuren rechts umgangen. Gleich nach der den Grataufschwung einleitenden, leicht zu

Die Leiter am Übergang von der Hinteren Steinkarspitze zum Wetterkreuzjoch

erkletternden Schrofenstufe folgt die schwierigste Stelle, eine ausgesetzte schräg abfallende Platte, die man am sichersten sitzend oder aufrecht mit Abstützen an der Kante überwindet. Nach einigen unschwierigen Absätzen erreicht man gleich den grasigen Gipfel. Der Abstieg über den Südostrücken – den rechten der beiden vom Gipfel hinabziehenden Rücken – ist leicht, er bildet auch die leichteste Aufstiegsmöglichkeit für den, der sich den Nordwestgrat nicht zutraut, das Wetterkreuz aber dennoch besteigen möchte. Man benützt in diesem Fall am Wetterkreuzjoch den geröllbedeckten, nicht sehr deutlichen Pfad, der den Gipfelaufbau rechts umgeht und bald den Südostrücken hundert Höhenmeter unterhalb des Gipfels erreicht. – Von hier kann man ohne Schwierigkeit aufsteigen. – Unser Pfad führt noch ein Stück am Rücken hinab und wendet sich dort, wo die Kelmer Spitze sichtbar wird, scharf nach links in das zwischen Ostrücken und Südostrücken eingebettete kleine Kar. An dieser Stelle erblickt man unten am Karausgang einen Weg, der durch Latschen zum Kelmer Jöchl hinüberleitet. Zu diesem Weg müssen wir hinab, denn nur er ermöglicht die Querung des dicht mit Latschen bewachsenen Hanges. Ich betone das, weil unser Pfad hinter dem Geröll des Kars sehr undeutlich wird und die blaßrote Markierung mitunter kaum zu erkennen ist. Sie leitet auf schwach ausgeprägtem grasigen Rücken zu besagtem Weg hinunter, dem wir nun bis zum Kelmer Jöchl folgen. Einige Meter hinter der tiefsten Einsenkung links vom Zaun führen Trittspuren durch Erlengebüsch und über den Wiesenhang hinab zur nahen Raaz-Galtalpe. Noch unterhalb der Alpe treffen wir im Talgrund auf einen hier beginnenden Weg und wandern auf dem sanft abfallenden Rücken, den Rotbach zur Rechten, zum Fahrweg und zum Parkplatz im Rotlechtal hinaus.

Kelmer Spitze

Wer am Kelmer Jöchl noch unternehmungslustig ist und Übung im Steilgras hat, kann den Rückweg mit einer Besteigung der steilflankigen Kelmer Spitze würzen, wofür man allerdings eine weitere Stunde ansetzen muß (Variante 1). Voraussetzung ist trockener Boden! Zunächst gilt es, den bewaldeten, mit einer kleinen Schrofenstufe aufwartenden Kopf nordöstlich des Kelmer Jöchls zu überschreiten oder zu umgehen. Am hübschesten ist der direkte Anstieg vom Jöchl im Bereich des Zaunes. Die erste kurze Stufe ersteigt man unmittelbar auf guten Tritten, die zweite von rechts nach links und gelangt so auf den grasigen Kamm des Kopfs, der in wenigen Minuten zum Sattel vor der Kelmer Spitze führt. Hierher kommt man auch, wenn man vom Jöchl ein Stück dem markierten Weg nach Kelmen folgt und diesen dort verläßt, wo er sich talwärts wendet. Von dieser Stelle leitet ein schwach erkennbares Heuersteiglein leicht ansteigend zu den Holzhütten am Sattel hinüber.

Der Wetterkreuz-Nordwestgrat

Wir besteigen die Kelmer Spitze über den im mittleren Teil ziemlich steilen Westrücken auf Grastritten. Ein Ausweichen in die Flanken ist nicht zu empfehlen. Weiter oben wird der Rücken flacher und geht in den waagerechten Gipfelkamm über. Die Kelmer Spitze wird selten bestiegen, obgleich die Überschreitung für Geübte reizvoll ist. Ich habe dort noch keinen Menschen angetroffen, nur Schafe. Wege gibt es nicht, was mitunter so aussieht, sind Schafwechsel. Ein solcher Schafsteig führt über den ganzen schmalen Nordostkamm, verliert sich aber im Sattel vor der letzten kleinen Erhebung, dem Höbelekopf. Ich habe verschiedene Abstiege ins Rotbachtal durchgeführt, um die beste Möglichkeit zu finden. Ziel aller Abstiege ist die vom Kamm sichtbare Fahrwegkehre im Tal. Weiter östlich abzusteigen ist ungünstig, ja problematisch, weil das Rotbachtal sich zur Mündung in den Rotlech hin schluchtartig verengt. Am günstigsten erscheint mir der Abstieg über den etwa hundert Meter hinter dem höchsten Punkt ansetzenden, schwach ausgebildeten Rücken, der zuerst nördlich, dann nordöstlich zu der erwähnten Fahrwegkehre hinunterzieht. Die Steilstufe im mittleren Teil umgeht man am besten links und folgt dem Rücken dann durch Erlengebüsch, weiter unten an einigen verfallenen Heuhütten vorbei bis zum Talgrund. Abstiege weiter östlich sind schlechter überschaubar, länger und teilweise recht steil.

Auf Abendspitze und Galtjoch

Die Besteigung von Abendspitze und Galtjoch ist auch für sich allein lohnend. Sie bietet eine hübsche Rundtour mit Rückkehr über die Raaz-Galtalpe (Variante 3). Vom Galtjoch steigen wir in den nächsten Sattel, das Galtpleisjoch, ab. Etwa hundert Meter hinter der tiefsten Einsenkung, wo der Weg zur Vorderen Steinkarspitze stärker zu steigen beginnt, zweigt nach links ein schmaler, neuerdings deutlicher rot markierter Pfad ab. Er führt nach einigen kurzen Kehren in weitem Bogen an den Osthängen der Steinkarspitzen entlang, quert ein Blockfeld und eine schrofige Stelle, die vorsichtiges Gehen verlangt und mündet schließlich in den vom Wetterkreuzjoch herabkommenden Weg. Noch vorher kann man, wie bei Variante 2 beschrieben, weglos zur Raaz-Galtalpe absteigen.

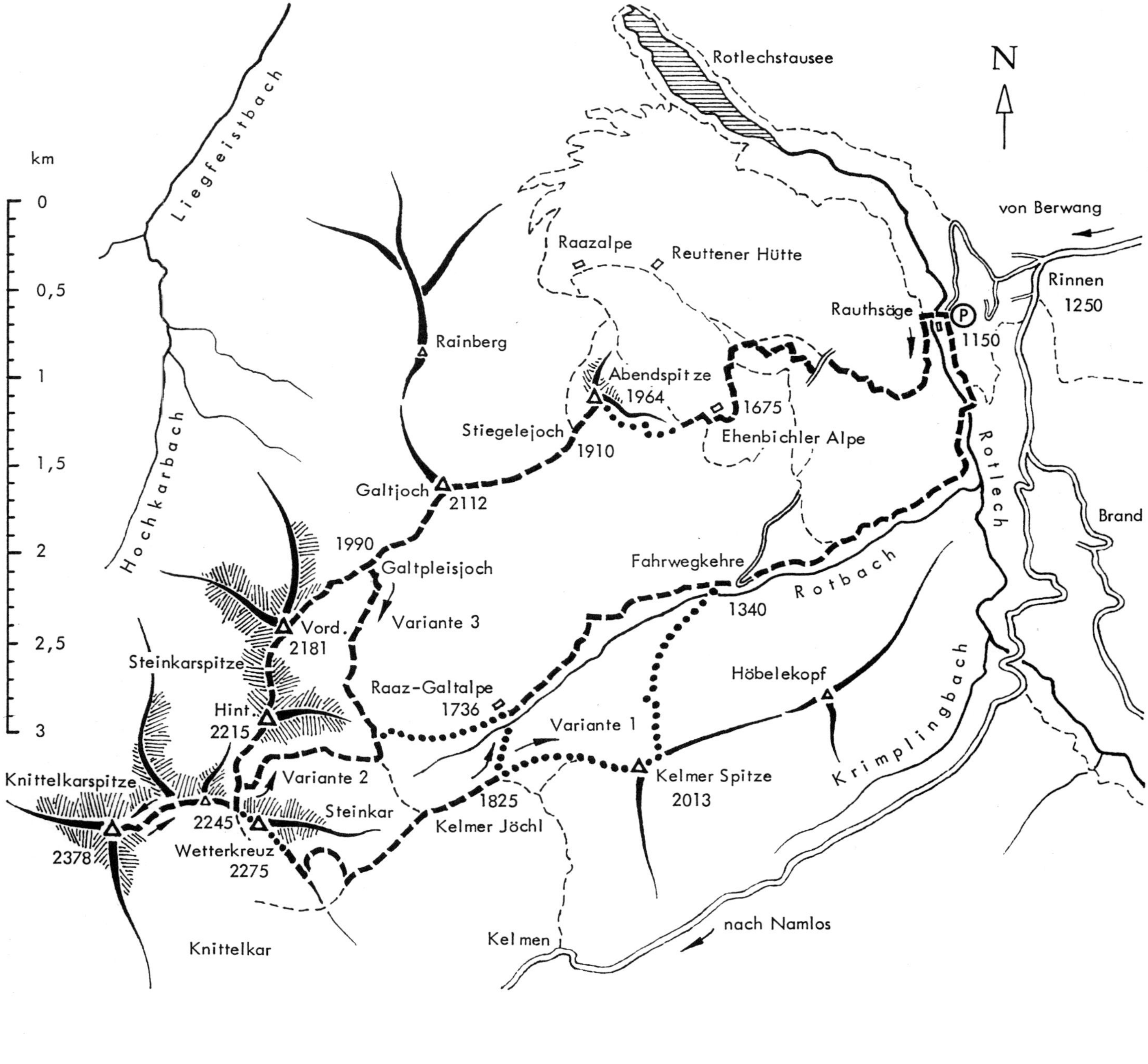

km
0
0,5
1
1,5
2
2,5
3
N
Liegfeistbach
Hochkarbach
Rotlechstausee
von Berwang
Raazalpe
Reuttener Hütte
Rinnen
1250
Rauthsäge
P
1150
Rainberg
Abendspitze
1964
1675
Ehenbichler Alpe
Stiegelejoch
1910
Galtjoch
2112
Rotlech
Brand
1990
Galtpleisjoch
Variante 3
Fahrwegkehre
Rotbach
1340
Vord.
2181
Steinkarspitze
Raaz-Galtalpe
1736
Höbelekopf
Hint.
2215
Variante 1
Krimplingbach
Knittelkarspitze
Variante 2
Kelmer Spitze
2013
1825
2245
Steinkar
Kelmer Jöchl
2378
Wetterkreuz
2275
Knittelkar
Kelmen
nach Namlos

Tourendaten

Ausgangsort:	Rauthsäge (Rinnen) – 1150 m (1250 m)
Geeignete Zeit:	Juli bis Oktober
Gipfel:	Abendspitze 1964 m – Galtjoch 2112 m – Vordere Steinkarspitze 2181 m – Hintere Steinkarspitze 2215 m – Knittelkarspitze 2378 m – Wetterkreuz 2275 m – Kelmer Spitze 2013 m
Steighöhen und Gehzeiten:	Gesamttour ohne Kelmer Spitze: 1580 m – 7½ bis 8 Stunden
	Gesamttour mit Kelmer Spitze (Variante 1): 1750 m – 8½ bis 9 Stunden
	Abstieg nach Steinkarspitzen (Variante 2): 1340 m – 6 bis 6½ Stunden
	Ohne Knittelkarspitze: 1440 m – 6½ bis 7 Stunden
	Nur Abendspitze und Galtjoch (Variante 3): 1020 m – 4½ bis 5 Stunden
Charakter:	Aussichtsreiche, landschaftlich sehr reizvolle Kammtour, die am Reuttener Höhenweg und bei den verschiedenen Abstiegen Trittsicherheit und Schwindelfreiheit, stellenweise auch etwas Kletterfertigkeit erfordert (für Geübte unschwierig, I). Die Überschreitung der Kelmer Spitze setzt Vertrautheit mit Steilgras und trockenen Boden voraus. Die Begehung des Höhenwegs bis zum Galtpleisjoch über Abendspitze und Galtjoch ist auch für Ungeübte geeignet.

Tourenprofil mit Gehzeiten (Stunden)

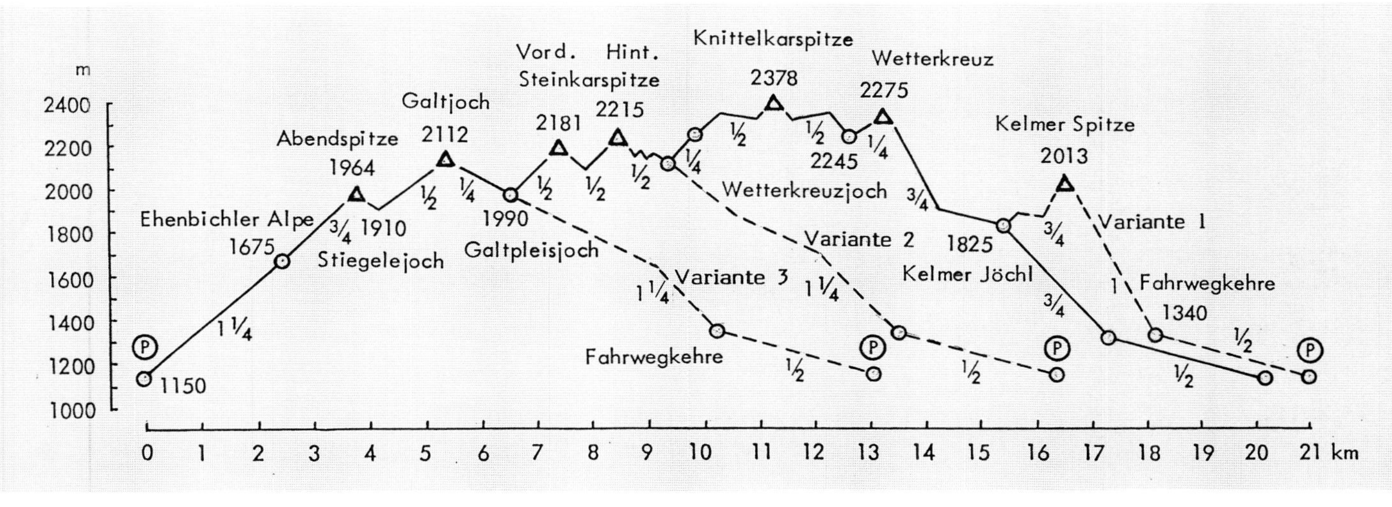

⑲

Im Nordteil der Rudigergruppe

Kammwanderung von der Engelspitze über den Seelakopf zum Rudigerkopf

Zu den über Füssen–Reutte rasch erreichbaren Gebirgsgruppen der Lechtaler Alpen gehört neben Lorea- und Liegfeistgruppe auch die Rudigergruppe, insbesondere deren nördlicher Teil. Der Rudiger, ein mehrgipfeliges zerborstenes Felsmassiv, das der Gruppe den Namen gab, ist dem Kletterer vorbehalten. Die sanften Formen des Nordteils jedoch bieten eine herrliche leichte Kammwanderung von der Engelspitze zum Rudigerkopf unter Einbeziehung des Seelakopfs mit Ausblicken auf eine hochalpine Umgebung, die den besonderen Reiz dieser Tour ausmachen. Sie ist auch als Herbsttour sehr zu empfehlen.

Ausgangsort ist Namlos in einem Seitental des Lechs. Die früher etwas mühsame Anfahrt von Stanzach im Lechtal auf schmalem Schotterfahrweg ist heute seit dem Bau der asphaltierten, bis auf kurze Abschnitte normalbreiten Verbindungsstraße schnell und problemlos. In Namlos, wo ausgedehnte Parkflächen zur Verfügung stehen, parken Sie am besten in der Nähe des Kirchleins, denn gleich dahinter beginnt, nicht beschildert, aber durch einen roten Pfeil gekennzeichnet, der Aufstiegsweg zu unserem ersten Ziel, der Engelspitze. Nach kurzem steilen Anstieg auf breitem Weg kreuzen wir die Fahrstraße, die Namlos mit Rinnen verbindet. Auch hier besteht Parkmöglichkeit, sie hat jedoch den Nachteil, daß man am Schluß der Tour ein Stück auf der Straße aufsteigen muß. Der Weg zieht nun weiter am Wiesenhang empor, wendet sich am tief eingeschnittenen Tal des Engelbachs nach links und erreicht, nun nur wenig ansteigend, bald darauf den Talgrund. Hier überqueren wir den Bach und folgen dem nach rechts auf steilen Tritten aus dem Tal herausführenden Pfad, der nun schmal aber deutlich auf dem zunächst bewaldeten, weiter oben freien Rücken emporstrebt. Dieser Anstieg über die Eggbergmähder ist ganz besonders reizvoll, bietet er doch schöne Rückblicke hinab ins Brentersbachtal und auf die immer höher ragende Namloser Wetterspitze. Der Pfad, mitunter in Trittspuren aufgelöst, ist nicht zu verfehlen, auch wenn er stellenweise nicht sehr deutlich ist. Auf der Kammhöhe stößt man stets wieder auf die Fortsetzung und erreicht schließlich das schon lange sichtbare Engelspitzkreuz. Es steht auf einem Vorkopf. Der 60 Meter höhere Gipfel der Engelspitze liegt auf dem zum Seelakopf hinüberziehenden Gratrücken. Es ist der linke der beiden über dem Kreuz aufragenden Felsköpfe.

Namloser Wetterspitze und Kreuzspitzkamm bilden eine markante Kulisse beim Übergang vom Engelspitzkreuz zur Engelspitze

Zum Seelakopf, dem mit 2371 Metern höchsten Punkt unserer Tour, führt ein Steiglein, das den Gipfel der Engelspitze etwas unterhalb der Kammhöhe rechts umgeht – von hier wenige Meter zum Gipfel – und dann unmittelbar auf dem Kamm läuft. Wir erreichen auf Grastritten den Vorgipfel, von dem ein mit kleinen Felszacken besetzter kurzer Grat zur Signalstange auf dem Hauptgipfel hinüberleitet. Die Gratzacken kann man direkt überklettern (II) oder leicht umgehen. Der Seelakopf bietet schöne Ausblicke auf die Gipfelvielfalt der Lechtaler Alpen, besonders eindrucksvoll nach Süden auf die wuchtige Heiterwand, die mit 7,5 Kilometern längste Wandflucht der Nördlichen Kalkalpen. Im Nordwesten bildet die Knittelkarspitze, im Südwesten die Namloser Wetterspitze, die sich hier von ihrer markantesten Seite zeigt, einen beherrschenden Blickfang.
Auf dem Südwestrücken des Seelakopfs gehen wir so weit zurück, bis wir kurz vor dem Gipfel der Engelspitze leicht über Gras und Geröll zu dem Sattel absteigen können, der den hier beginnenden, über Schlirekopf und Rudigerkopf zum Rudiger ziehenden begrünten Kamm einleitet. Schon vorher zu diesem Sattel hinüberzuqueren ist wegen des Gerölls mühsamer und nicht lohnend. Vom Sattel steigen wir auf Pfadspuren zur Graskuppe des Schlirekopfs auf und gelangen über den aussichtsreichen Kamm in schöner, leider nur kurzer Wanderung zum wenig über die Kammhöhe sich erhebenden Rudigerkopf, dem Bindeglied zwischen dem nördlichen und südlichen Teil der Rudigergruppe. Dieser unscheinbare Grasmugel bietet eine prächtige Aussicht, vor allem auf das nun nahegerückte wildzerrissene Felsmassiv des Rudiger, neben dem die Heiterwand hervorschaut, auf die Namloser Wetterspitze und eine Anzahl der bedeutendsten Gipfel der Lechtaler Alpen wie Parseier Spitze, Freispitze und Holzgauer Wetterspitze. Im Südwesten sehen wir tief unter uns eine kleine Hütte, die 1982 von der Stadtgemeinde Imst erbaute verschlossene Rudighütte. Sie ist unser erstes Abstiegsziel. Einen Weg dorthin gibt es nicht, aber der zur Hütte hinabziehende Rücken ist gut gangbar. Er weist zunächst nach Westen und gabelt sich beim sogenannten Bettlerrinner. Der rechte Ast sinkt ziemlich steil in schrofigen Stufen, weiter unten von Latschen überwachsen ins Brentersbachtal ab; er ist für den Abstieg ganz ungeeignet. Wir benutzen den linken Ast, der ohne Schwierigkeit in südwestlicher Richtung hinunterleitet. Es finden sich Trittspuren, großenteils am linken Rand der Latschen, kurzzeitig an einem etwas steileren gerölligen Stück rechts davon. Wo der Latschenbestand dicht wird, wenden wir uns nach links dem freien Grasboden des Kars zu und erreichen hier wenig später die Rudighütte.
An der Rudighütte beginnt ein in einer Linkskehre hinabziehender, anfangs undeutlicher aber markierter Steig, auf den man auch trifft, wenn man von der Hütte in der linken Latschengasse auf Trittspuren absteigt und so die Kehre abkürzt. Wir gelangen ins Faselfeiltal und wandern in dem trotz der Bachverbauungen landschaftlich hübschen Tal des Brentersbachs nach Namlos zurück.

Am Kamm zwischen Schlirekopf und Rudigerkopf. Links der Rudiger

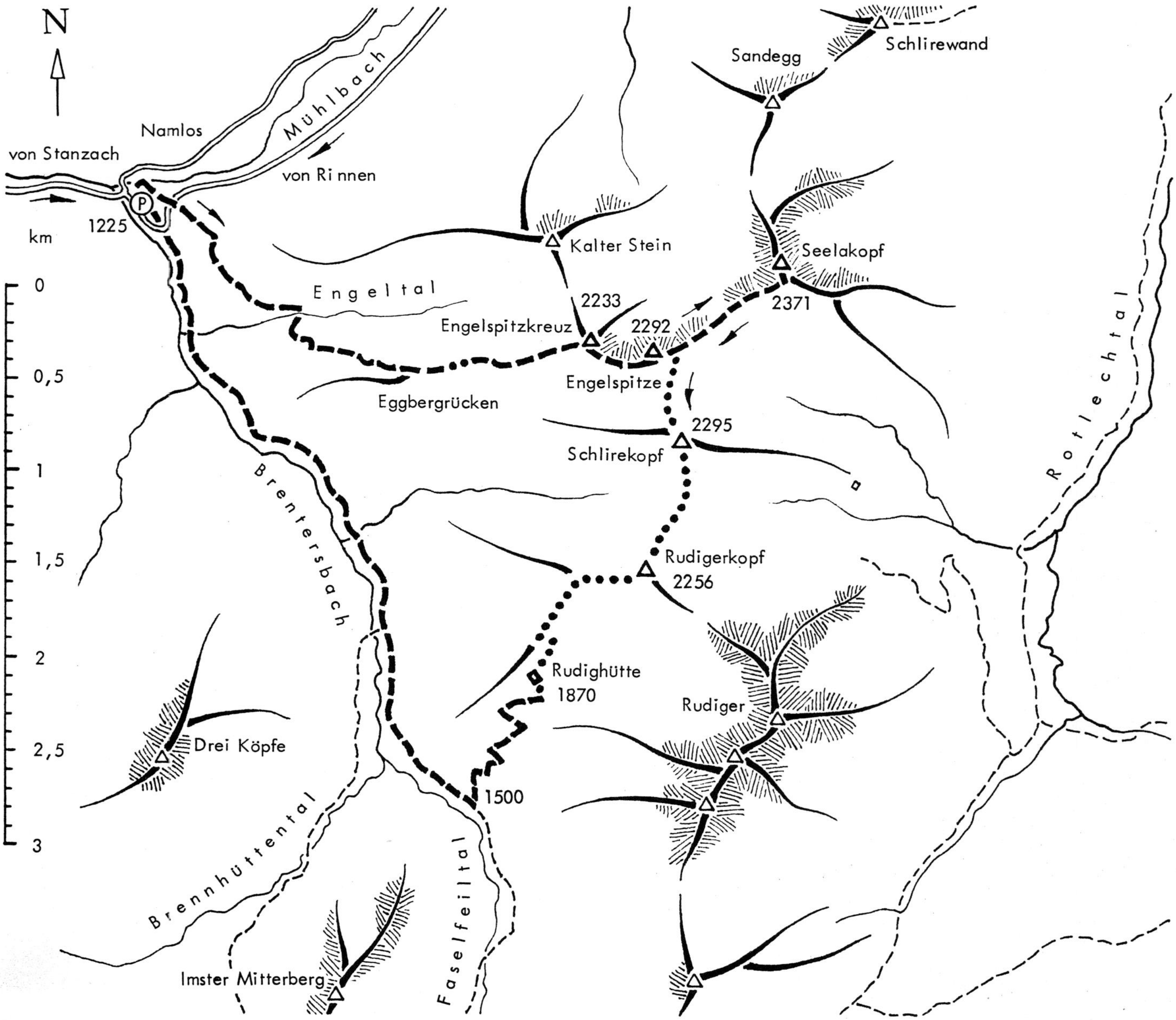
N
Namlos
von Stanzach
Mühlbach
von Rinnen
1225
km
0
0,5
1
1,5
2
2,5
3
Engeltal
Kalter Stein
Sandegg
Schlirewand
Seelakopf
2371
2233
Engelspitzkreuz
2292
Engelspitze
Eggbergrücken
2295
Schlirekopf
Rotlechtal
Brentersbach
Rudigerkopf
2256
Rudighütte
1870
Rudiger
Drei Köpfe
1500
Brennhüttental
Faselfeiltal
Imster Mitterberg

Tourendaten

Ausgangsort:	Namlos (Anfahrt über Reutte–Stanzach) – 1225 m
Geeignete Zeit:	Juni bis Oktober (November)
Gipfel:	Engelspitze 2292 m – Seelakopf 2371 m – Schlirekopf 2295 m – Rudigerkopf 2256 m
Steighöhe und Gehzeit:	1300 m – 6 bis 6½ Stunden
Charakter:	Einfache aussichtsreiche Kammwanderung mit hochalpiner Szenerie, die lediglich beim im oberen Teil weglosen Abstieg vom Rudigerkopf etwas Orientierungssinn erfordert. Nicht bei Nebel oder nassem Boden.

Tourenprofil mit Gehzeiten (Stunden)

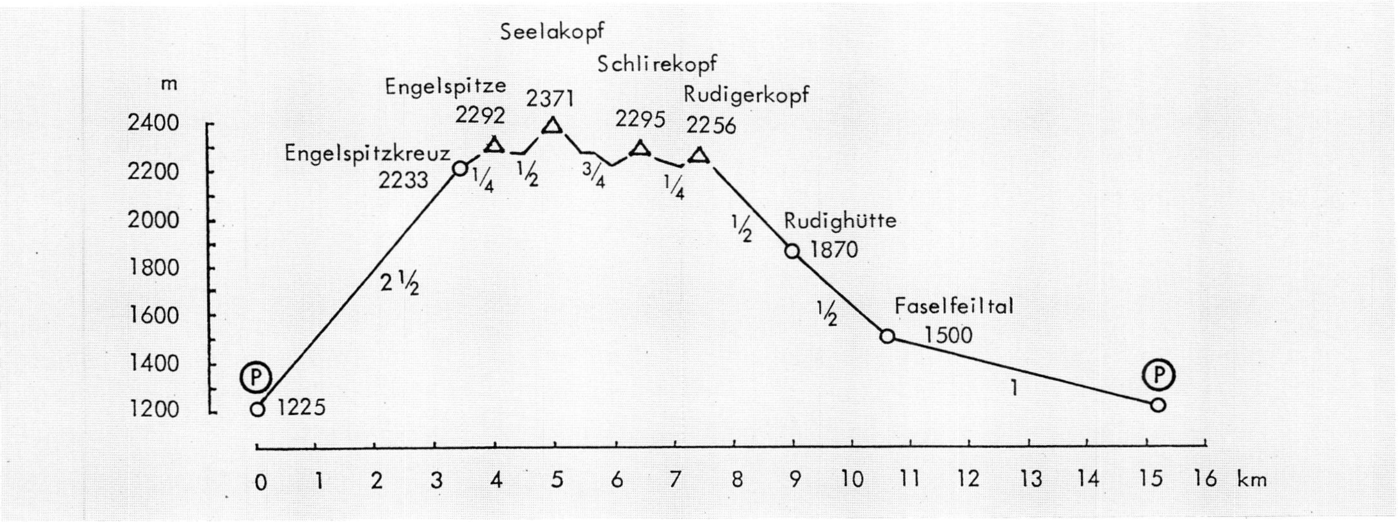

Estergebirge

⑳

Im Estergebirge

Kammtour über die Hauptgipfel

Das Estergebirge, das sich zwischen Garmisch-Partenkirchen, Eschenlohe, Walchensee und Krün erstreckt, ist trotz seiner Lage inmitten eines gut ausgebauten Straßensystems verhältnismäßig wenig besucht. Das liegt wohl daran, daß es, abgesehen von dem im Südwesten vorgelagerten Wank, nicht durch Bergbahnen „erschlossen" ist und daß die Wege von Osten her sehr lang sind, während bei den Anstiegen von Westen aus dem Loisachtal ein ziemlich großer Höhenunterschied zu bewältigen ist. Deshalb, und wegen der schönen Ausblicke auf Wetterstein und Karwendel, kommt der naturliebende und ausdauernde Bergfreund hier voll auf seine Kosten.
Die beschriebene Tour erfaßt den höchsten und alpinsten Teil unseres Gebirges. Die Route überschreitet Hohen Fricken und Bischof, führt auf den Krottenkopf, mit 2086 Metern die höchste Erhebung des Estergebirges, und schließlich über Oberen Rißkopf und Kareck zurück. Die Besteigung aller Gipfel erfordert Ausdauer und teils auch etwas Orientierungssinn, wir haben aber im Krottenkopfhaus einen guten Stützpunkt und können den einen oder anderen Gipfel nach Bedarf auslassen und umgehen.
Ausgangspunkt ist der Ortsteil Mühldörfl von Farchant, wo wir im Bereich des Elektrizitätswerks parken, entweder unmittelbar davor oder an der Frickenstraße. Unser erstes Ziel ist der Hohe Fricken. Wir folgen dem Schild „Kuhfluchtwasserfälle". Der promenadenartige Weg führt zunächst fast eben durch lichten Fichtenwald, dann, nun schmäler, an der rechten Seite des Baches entlang, überquert diesen unterhalb der Wasserfälle auf einem Steg und zieht nun schmal und steil, wo nötig seilversichert, in vielen kurzen Kehren aus der Schlucht empor, bleibt aber zunächst im Bereich der Wasserfälle, die uns ein imposantes Geleit geben. Weiter oben führt er noch einmal unmittelbar an die Fälle heran, doch zweigt unser Aufstiegsweg 50 Meter vorher nach links ab. Der gut angelegte und optimal geführte Steig ist rot markiert und überall deutlich, er ist aber mitunter etwas ausgesetzt und erfordert trittsicheres Gehen. Dieser Aufstieg durch die steile Westflanke ist der kürzeste und landschaftlich schönste auf den Hohen Fricken und wohl auch der reizvollste im ganzen Estergebirge, der den Vergleich mit den schönsten Anstiegen in anderen Gebirgsgruppen nicht zu scheuen braucht. – Wir erreichen schließlich den Nordrücken und kurz darauf den Gipfel und das nach Südwesten versetzte, etwas tiefer stehende

Auf dem Hohen Fricken. Im Hintergrund das Wettersteingebirge

Blick vom Bischof nach Südwesten auf Hohen Fricken und Zugspitze

Kreuz mit Gipfelbuch. Dieser Westanstieg ist übrigens schon sehr frühzeitig schneefrei, so daß hier die Besteigung des Hohen Fricken im allgemeinen ab Mai ohne Schwierigkeit möglich ist.
Das nächste Ziel ist der Bischof, ein markanter Berg, der schon zur zentralen Gipfelgruppe des Estergebirges gehört. Dazu steigen wir auf deutlichem Pfad in den weiten Sattel zwischen Fricken und Bischof ab. Ein kleiner Steig führt den mäßig steilen Rücken hinauf. Wo er sich im oberen Teil im Bereich einiger aus den Latschen hervortretenden Schichtblöcke verliert, halten wir uns leicht rechts und treffen dann gleich auf den nun wieder deutlichen Steig, der etwas unterhalb der Kammhöhe rasch zum Gipfel führt. Hier finden wir ein neues, am 19. Juni 1983 errichtetes schönes Holzkreuz vor.
Vor uns, im Nordosten, liegt nun frei sichtbar der Krottenkopf, links davon der fast ebenso hohe Obere Rißkopf und im Sattel dazwischen das Krottenkopfhaus. Vom Oberen Rißkopf strahlen zwei Kämme ab, einer nach Westen, der das Kareck trägt – unser letztes Gipfelziel – und mit einem langen Latschenrücken über das Henneneck ins Loisachtal absinkt, der andere nach Nordosten mit Schindlerskopf, Archtalkopf und Hoher Kisten als markantestem Gipfel, der im Hintergrund über dem Krottenkopfhaus steht.
Über den Nordgratrücken steigen wir auf Trittspuren ab. Im unteren Teil, unweit des Sattels, ist ein etwas steileres, mit Schutt und brüchigen Schrofen bedecktes Gratstück zu überwinden, das unschwierig ist, aber vorsichtiges Gehen verlangt. Danach erreichen wir über grobes Geröll bald den Weg, der leicht ansteigend an den Südhängen von Kareck und Oberem Rißkopf entlang in einer halben Stunde zum Krottenkopfhaus führt.
Wer den Bischof nicht besteigen möchte, kann ihn auf dem markierten, vor dem Südwestrücken abzweigenden Weg umgehen, der nach Querung der zerfurchten Westhänge den Sattel am Nordgratrücken erreicht.
Der dem Hauptkamm des Estergebirges östlich vorgelagerte Krottenkopf liegt zwar nicht unmittelbar im Zuge unserer Kammroute, er ist aber ein so nahes und lohnendes Ziel, daß wir keinesfalls versäumen

dürfen, ihn zu besteigen. Auf- und Abstieg auf einfachem Serpentinensteig dauern nur eine gute halbe Stunde. Er bietet einen schönen Überblick über das gesamte Estergebirge und natürlich prächtige Aussicht auf Wetterstein und Karwendel.
Vom Krottenkopfhaus wenden wir uns dem Oberen Rißkopf zu, der über seinen Südostrücken auf Grastritten leicht zu besteigen ist. Der Obere Rißkopf und sein Nachbar, das Kareck, sind vor allem wegen der hübschen Tiefblicke ins Loisachtal hinab lohnend. Beim weglosen Übergang zum Kareck wird eine kleine Felsstufe 50 Meter nach links umgangen und nach Erreichen der tiefsten Einsenkung auf Trittspuren zum Kareck emporgestiegen. Auch hier finden wir ein weit sichtbares, 1980 errichtetes Gipfelkreuz vor.
Beim Abstieg bleiben wir zunächst noch ein Stück am Grat, verlassen ihn aber bald in einer Latschengasse auf Trittspuren nach links und steigen schräg zum Hang zum sichtbaren 100 Meter tiefer liegenden Weg ab. Eine weitere Verfolgung des Grats bis zum Henneneck, das nur eine Schulter des Karecks ist, wäre wegen der sperrigen Latschen mühsam und nicht lohnend.
Auf dem Weg erreichen wir in wenigen Minuten den Sattel unter dem Bischof-Nordgrat und stoßen nach Querung der Westhänge des Bischof, noch ein Stück vor dem Sattel zwischen Bischof und Fricken, auf unseren Abstiegsweg, der zunächst wenig fallend über einen breiten Grasrücken, später in weitem Bogen um den Niederen Fricken herumgeführt ist und dann in vielen Kehren an der aussichtsreichen Schafalm-Diensthütte vorbei ins Loisachtal hinabzieht. In Talnähe heißt es aufpassen, den richtigen Weiterweg zu finden, da die tatsächlichen Wegeverhältnisse in den meisten Karten nicht korrekt wiedergegeben sind. Dort, wo etwa 70 Meter über dem Talboden die Kehren enden und der Weg ein geröllgefülltes Bachbett berührt, überqueren wir das Bachbett (Schild „Farchant“) und erreichen auf schmalem Pfad in 10 Minuten den breiten Talweg, der am Rande des ausgedehnten, mit kleinen Teichen geschmückten Quellgebiets des Rörlbachs und durch schönen parkartigen Wald nach Farchant zurückführt. An der Weggabelung hinter einem Weidezaun können wir entweder den linken, mit „Kuhfluchtwasserfälle“ beschilderten Weg nehmen, der bald auf unseren Aufstiegsweg stößt, oder den 10 Minuten kürzeren auf dem Asphaltsträßchen 50 Meter hinter der Gabelung (Schild „Farchant“), das an den Sportanlagen vorbei unmittelbar zum Ausgangspunkt am Elektrizitätswerk in Mühldörfl führt.

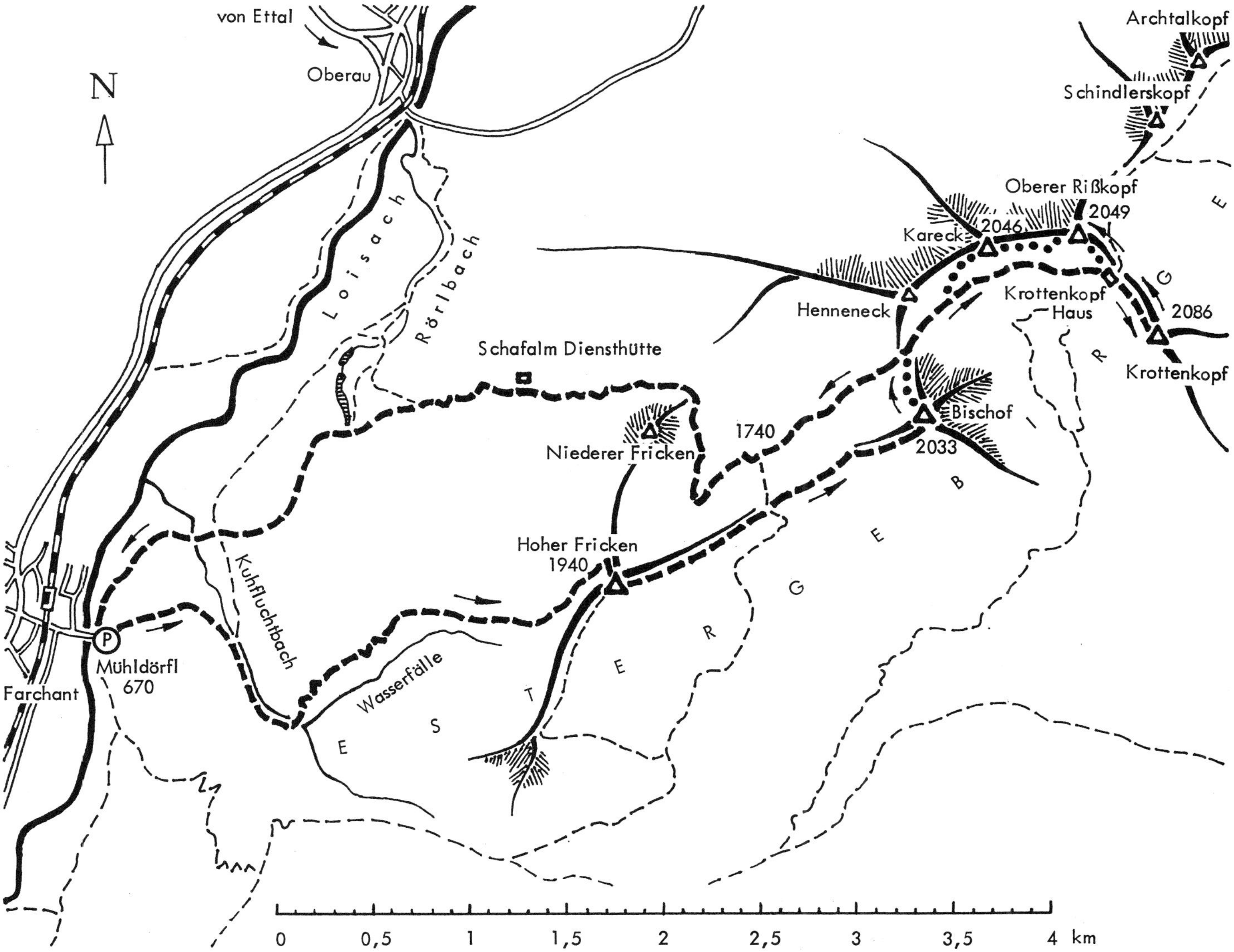
von Ettal
Oberau
N
Archtalkopf
Schindlerskopf
Oberer Rißkopf
2049
Kareck
2046
Henneneck
Krottenkopf Haus
2086
Krottenkopf
Loisach
Rörlbach
Schafalm Diensthütte
Niederer Fricken
1740
Bischof
2033
Hoher Fricken
1940
Kuhfluchtbach
Mühldörfl
670
Farchant
Wasserfälle
E S T E R G E B I R G E
0 0,5 1 1,5 2 2,5 3 3,5 4 km

Tourendaten

Ausgangsort:	Farchant-Mühldörfl – 670 m
Geeignete Zeit:	Juni bis Oktober
Gipfel:	Hoher Fricken 1940 m – Bischof 2033 m – Krottenkopf 2086 m – Oberer Rißkopf 2049 m – Kareck 2046 m.
Steighöhen und Gehzeiten:	Gesamte Tour: 1885 m – 9 bis 9½ Stunden
	Ohne Bischof: 1640 m – 8½ bis 9 Stunden
	Ohne Bischof und Krottenkopf: 1500 m – 8 bis 8½ Stunden
	Ohne Ob. Rißkopf und Kareck: 1720 m – 8 bis 8½ Stunden
Charakter:	Eine unschwierige und sehr lohnende, bei Besteigung aller fünf Gipfel wegen des großen Höhenunterschieds allerdings anstrengende Rundtour, die schöne Ausblicke besonders auf das Wettersteingebirge bietet.

Tourenprofil mit Gehzeiten (Stunden)

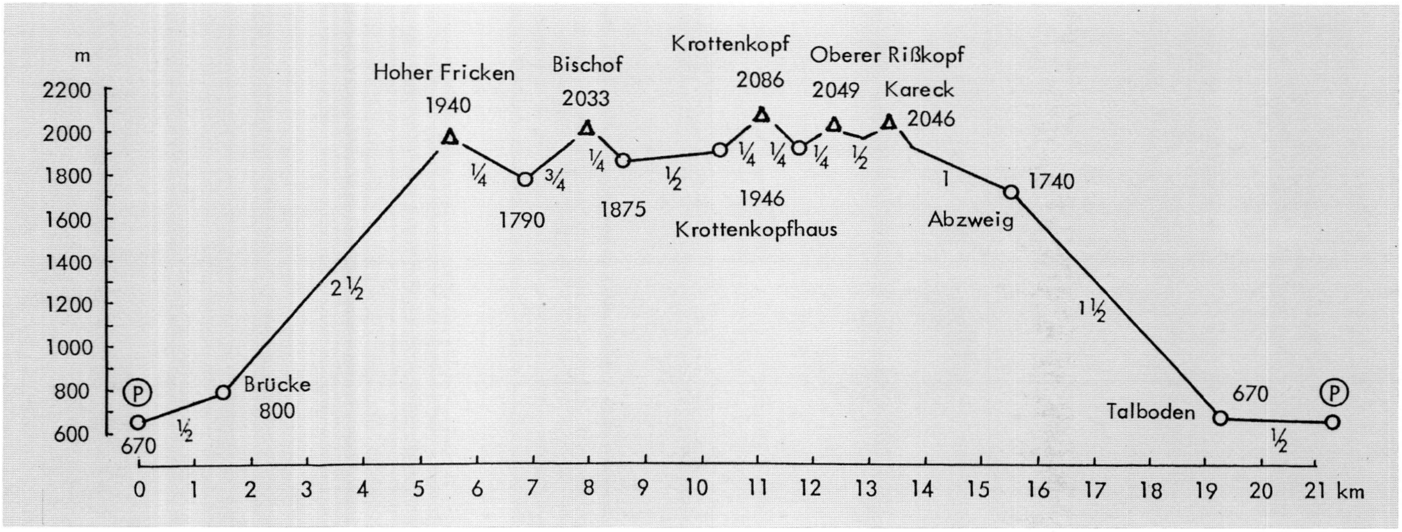

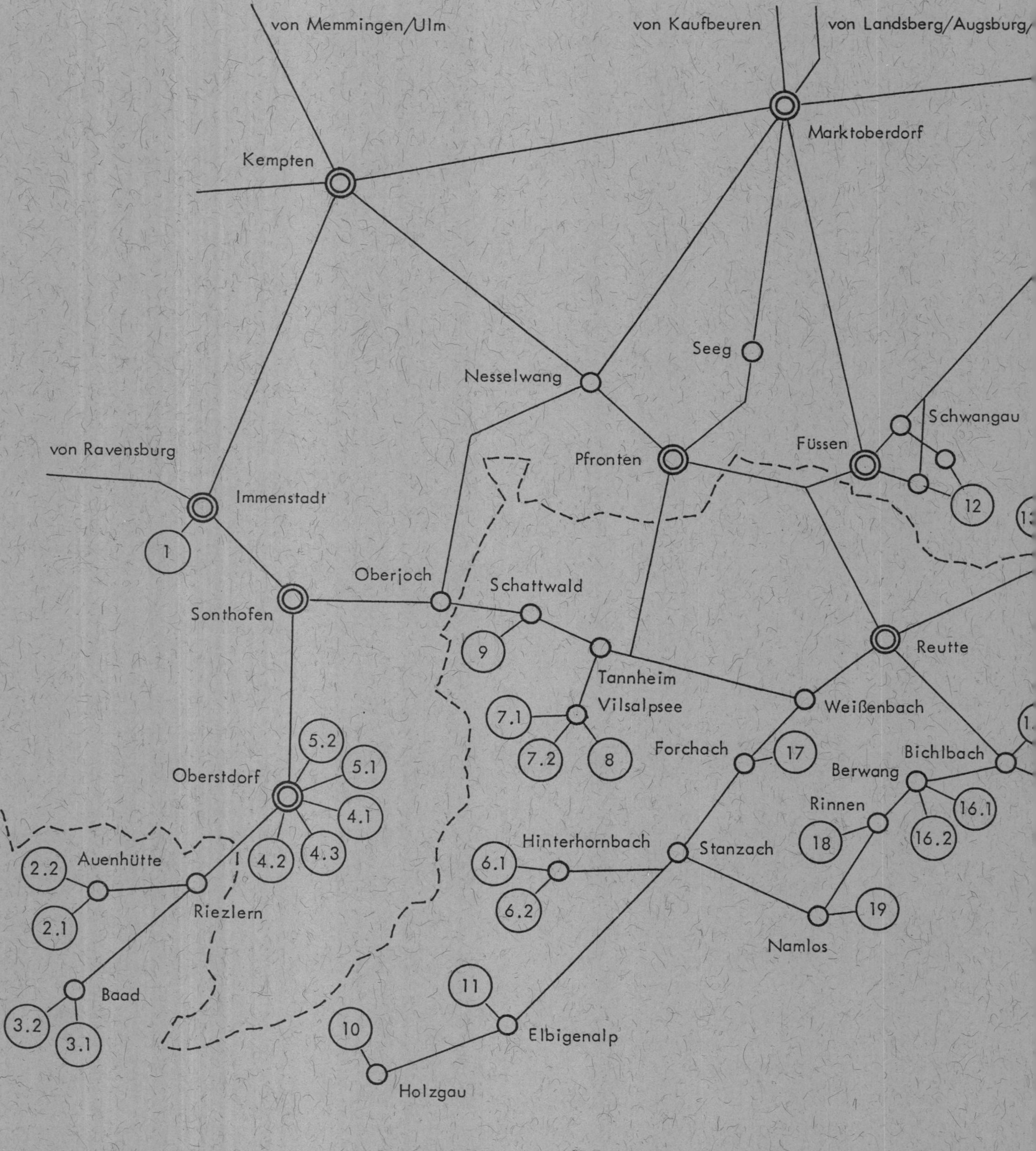

von Memmingen/Ulm
von Kaufbeuren
von Landsberg/Augsburg/
Marktoberdorf
Kempten
Seeg
Nesselwang
Schwangau
Füssen
von Ravensburg
Pfronten
Immenstadt
12
1
Oberjoch
Schattwald
Sonthofen
9
Reutte
Tannheim
Vilsalpsee
Weißenbach
7.1
7.2
8
Forchach
17
5.2
5.1
Oberstdorf
Bichlbach
Berwang
4.1
16.1
Rinnen
4.2
4.3
18
16.2
Hinterhornbach
Stanzach
2.2
Auenhütte
6.1
Riezlern
2.1
6.2
19
Namlos
Baad
11
3.2
3.1
10
Elbigenalp
Holzgau